中国海洋大学管理学院510项目资助

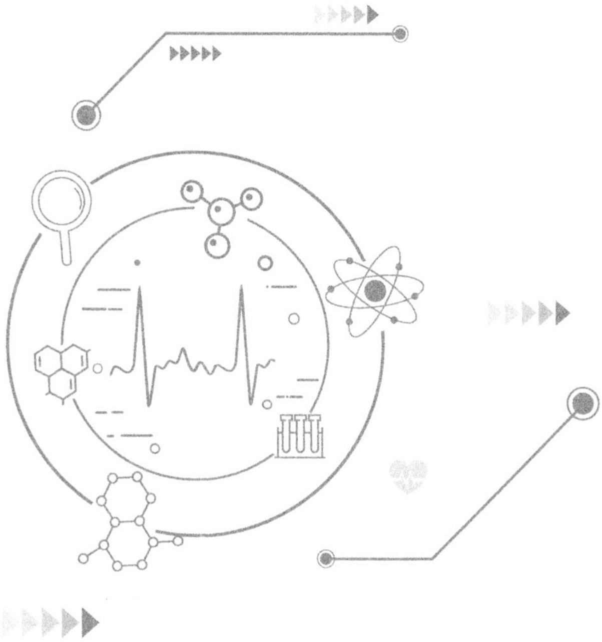

科技创新与科技成果转化

S&T INNOVATION AND S&T ACHIEVEMENTS' TRANSFORMATION

王 婉◎著

中国经济出版社
CHINA ECONOMIC PUBLISHING HOUSE
·北 京·

图书在版编目（CIP）数据

科技创新与科技成果转化/王婉著．
—北京：中国经济出版社，2018.12
ISBN 978－7－5136－5429－6
Ⅰ.①科… Ⅱ.①王… Ⅲ.①科技成果—成果转化—研究—中国 Ⅳ.①F124.3
中国版本图书馆CIP数据核字（2018）第252062号

责任编辑　丁　楠
责任印制　马小宾
封面设计　任燕飞

出版发行　中国经济出版社
印 刷 者　北京九州迅驰传媒文化有限公司
经 销 者　各地新华书店
开　　本　710mm×1000mm　1/16
印　　张　11.25
字　　数　131千字
版　　次　2018年12月第1版
印　　次　2018年12月第1次
定　　价　58.00元
广告经营许可证　京西工商广字第8179号

中国经济出版社 **网址** www.economyph.com **社址** 北京市西城区百万庄北街3号 **邮编** 100037

目录
CONTENTS

1 导论

1.1 背景

党的十八大报告指出："科技创新是提高社会生产力和综合国力的战略支撑，必须摆在国家发展全局的核心位置，要加快建立以企业为主体、市场为导向、产学研相结合的技术创新体系。"

对中国而言，随着现代化经济以及科技的快速飞跃，所需面对的国内外创新环境和难题也日益复杂，存在着巨大的不确定性与风险。在这种复杂与不确定情境下，我国现代科技创新的发展与完善，正逐渐呈现多元化和精细化的趋势。科技创新的应用离不开科技成果的转化，科技革命和产业变革离不开好的机制体制的支撑，好的科技和产业化的机制体制为创新和发展提供了制度框架。

因此，本书系统梳理科技创新与科技成果转化的相关问题，从海洋科技成果转化、高校科技成果转化入手，对科技创新与科技成果转化问题进行深入研究。

1.2 文献综述

1.2.1 知识网络相关研究

知识网络现已逐渐成为知识管理领域研究的重点，而它是由瑞典工业界在1995年首次提出的。研究学者将知识网络与企业、高校等知识创新主体的各个层面进行结合研究，取得了不菲的科研成绩。目前，有一种更为统一的观点认为，知识网络是基于存在于组织或个人网络中的社会网络，通过内部和外部网络填补知识空白，并创造知识共享活动的网络系统。以下从三方面对知识网络相关研究进行阐述：

（1）知识网络影响因素研究

阮爱君等（2014）以139家企业为实证研究样本，阐述知识网络结构嵌入对企业创新力的正向影响作用力因素，并分别指出组织学习对知识网络结构嵌入的部分中介作用。吴伟等（2015）构建以组织学习为中间变量的创新网络绩效模型体系，并通过实证结果得出企业创新结构对创新网络与创新绩效的直接正向影响，而组织学习则充当创新网络与创新绩效的中间变量。赵云辉等（2016）指出在知识来源的中介作用基础上，研究双重内外部知识网络嵌入在中国跨国公司中对其知识转移的绩效具有积极和显著的影响。喻登科等（2016）通过仿真模型得出社会心理作为调解变量，通过促进知识流动对知识网络内部结构、行为与绩效产生重要调节作用。李柏洲等（2014）在特定假设的基础上构建含有组织知识网络、转移中的风险、组织共享心智和转移绩效的理论模型，通过结构方程和层次回归得出其分别对转移绩效所起的中介、负相关以及调节作用，其中知网结构指标与转移绩效呈正向关联。王彦博等（2016）由合作网络和知识网络相互嵌入组成的创新网络解耦分析新视角研究，得出过多知识网络结构洞不利于进行探索性知识创新，而合作网络中结构洞则起相反的作用；从集群角度来看，Huong N T 等（2011）通过实证分析发现合作意愿和良好印象有助于知识转移过程，有助于产业的升级；而沟通障碍、文化差异、个人能力缺乏以及缺乏规则意识则会阻碍转移进程。吉敏等（2014）证明在集群供应链知识网络规模、中心性、关系强度及与其他节点的关系方面均与创新绩效呈显著正效应关系。廖开际等（2011）基于网络异质性的特点，在构建组织知识网络及组织人际关系网的基础上，构建组织知识共享网络模型并探讨该模型影响知识共享的过程和方式。

（2）知识网络关系研究

丁道韧等（2016）引入远程创新搜寻中介变量，在与知识网络关系特征和创新绩效共同创建模型基础上指出团队知识网络关系强度和关系质量对创新绩效产生显著相关作用。任志安等（2007）在社会网络视角下分别对网络关系四维度结构特征与知识共享进行命题分析，完善相关研究。吉敏等（2014）选取两个网络关系变量，分别是关系强度和关系持久度，通过对常州 257 家企业进行实证分析得出两者通过促进知识内容的多种方式转移能够助力企业提升创新绩效。赵健宇等（2016）通过建立一个多任务链接的团队合作知识流转网络模型，指出网络关系强度与网络平均路径长度呈负相关，即为促进网络知识流动需要减少网络平均路径长度而增大网络的集聚系数。雷志柱等（2015）建立知识网络能力多维度动态评价指标体系，通过多层次多指标定量分析为企业提供决策依据，其中，知识网络能力包括网络关系能力、知识共享能力、网络规划能力与组织支撑能力。吴悦等（2014）指出知识网络实质是知识流动，在时间维度下建立起的“信任演化—知识转移”模型分析了信任机制在知识网络中促进知识转移进而提高知识网络中的知识转移效率问题。潘玮等（2014）通过构建工作绩效指标和企业知识网络员工联系强度、中心度指标对影响企业内部隐形知识共享的员工知识量与员工共享意愿两大因素进行量化，根据测度结果显示：两者均与企业内部影响知识共享效率呈显著正相关关系。

（3）知识网络创新力与创新绩效研究

郝敬习等（2015）根据知识经济发展的需求现状，认为知识网络的结构嵌入性、关系嵌入性以及认知嵌入外部获取知识并借助分享心智模型中介，完全或部分影响研发团队的科研创造力。汤超颖等（2016）认为知识获取、知识创造意愿和创造性认知倾向是影响知识网络创造力的三条路径。Polidoro F Jr（2011）从以交互作用历史为代表的关系嵌入性、以网络中心性为代表的位置嵌入性和以共同伙伴为代表的结构嵌入性三方面研究组织稳定性，进而研究其对知识流转与创新的影响。Cannella A Jr（2016）认为与直接关联伙伴的关系强度及连通性是直接关系到知识创造能力的重要因素。Wang C 等（2014）认为企业创新活动是在社会网络和知识网络的基础上形成的，在知识网络中，知识元素的平均集中度与探索性创新呈反向 U 型关系，而在社会网络则存在负相关关系。Afuah A.（2013）指出现有研究大都集中在网络规模对知识网络的影响力上面却忽视了网络结构和行为的重大意义，它能很大程度上促进知识网络创新。Lubbers M J 等（2010）将移民个人网络为研究对象，利用各种定量方法研究表明知识网络会随着环境以及主体特征的改变而呈现动态螺旋式上升变化。Meenakshi 等（2016）通过知识同化、知识指向性、知识自组织性以及知识平衡能力四个维度阐述知识网络中知识处理的智能链接，通过限制链条权重值的饱和度，证明智能链接和处理节点认知系统平衡能力的适用性以提高知识网络的创新力。

张苗苗（2017）认为互联网时代下，个人知识组织化是企业提升组织绩效的重要方式。段金菊（2017）认为在社会性关联学习环境下，知识网络是促进 cMOOC 的深度学习的重要方式。唐承林（2017）结合小米企业价值创造案例分析知识网络协同效应、知识共享效应和知识规模效应，阐述顾客价值创新机理的同时，为信息时代下企业通过知识网络管理获取核心竞争力提供参考。吕萍（2012）通过对中国 ICT 产业中内资企业与外资企业的对比研究阐述企业内外部知识网络与创新绩效在知识网络选择、知识网络创新合作、知识网络研发投入等方面的差异性关系。陈劲等（2014）指出利用外部知识源可以建立组织联系网络，充分利用即可在促进外部知识的内部化的同时提升组织创新绩效。Chung 等（2013）以 56 个科学研究团队为样本，考察网络内外部网络质量和例行工作对绩效的影响程度，研究发现：例行工作有调节内外部知识网络的作用，内部信任关系强度与绩效呈倒 U 型关系，外部工作关系强度有促进绩效提升的作用。孙笑明等（2014）从结构洞视角阐述了其作为创新合作网络对企业创新绩效的作用力。

1.2.2 高校科技创新与成果转化

（1）高校科技成果转化过程

1912 年，约瑟夫·熊彼特在《经济发展理论》中首次提到“创新理论”概念。科技成果转化的理论渊源来自技术创新理论和技术扩散理论。贺德方（2011）认为广义科技成果转化是指通过科技活动产生的成果，其中科技活动包含研究开发、研究开发成果转化及研发成果应用三个子部分，而狭义科技成果是研究开发产生的成果。

科技成果转化的过程包括两个阶段即积累和传播，Anderson（2007）在此基础上指出高效率的科技成果转化是一个需要高效率管理的过程。王桂月（2009）和王臣业（2012）将高校科技成果转化分为三阶段，其中，王桂月将其分为基础研究、应用研究，开发、生产销售，产业化三个阶段，王臣业则将高校科技成果转化分为成果产生、成果转移和成果使用三个阶段。杨琨（2014）等增加了确定科研目标阶段的指标，提出四阶段转化模型。Etzkowitz 等（1995）针对高校与企业相互独立的现状，最先提出了“三重螺旋”创新模式即校企政通过组织结构性安排、制度性设计达到信息有效交流和资源充分共享，使资源的使用效率和效益得到提升。Santoro（2000）依据校企合作程度的差异分为高校技术研究支持、校企合作开发、知识转移和技术转让等合作模式，指出校企关联强度与成果产出水平之间存在正双向联系，通过资源合理分配可实现合作的长期稳定。Jeannette A Colyvas（2007）从投资、投资者、奖励、校企边界视角建立模型，以斯坦福大学 25 年来的生命科学科技成果转化情况为研究对象，指出制度化弹性政策对组织科技成果转化效率的重要意义。彭定赟（2016）在双创新形势下分析我国高校科技成果转化现状，提出创办线上平台、人才与转化接轨、科研市场考察小组和自行产业化四种科技成果转化模式。孙泽文等（2012）在分析高校科技成果转化机理的基础上，提出包括科技成果向技术成果转化、技术成果向工程成果转化以及工程成果向现实生产力转化的三层内在转化模式。为了解决传统模式下科技成果转化困难的问题，翟天任等（2012）基于协同管理理论提出自办产业、产学合作和创新网络三种高校科技成果转化模式；胡罡（2014）根据中山大学的案例，提出与地方政府联合共建研究院即“地方研究院”，为科技成果转化流程各阶段提供了借鉴与参考。

（2）高校科技成果转化效率

①转化效率评价指标研究。Liu 等（2010）构建高校科技研发和技术扩散两阶段效率评价指标，其中研发阶段投入指标包含科研经费、高水平科研人员、基础科研人员和项目时间等因素。技术扩散作为研发阶段的产出，技术扩散阶段的投入指标即研发阶段的产出指标，包括科技论文数量、专利申请数和科技报告数，技术扩散阶段包括技术服务收费、专利许可使用费和来自技术使用者的生产投资费用等产出指标。Guan 等（2010）构建了高校科技研发和科技商业化两阶段指标体系，其中科技研发阶段指标包括研发资金、科学家数量、技术人员和专利存量知识投入指标等，科技商业化投入指标涉及包括技术引进经费和技术吸收经费在内的非研发经费支出费用和专利数量等。徐晨等（2010）利用 DEA 方法以经济效益与社会效益为产出指标，对我国 30 多个地区的科技成果转化效率进行描述性分析。廖述梅（2009）构建科技成果转化活动内外部因素指标，利用 SFE 方法对我国校企技术转化效率进行测算并指出导致效率值普遍偏低的原因是统计年鉴中对技术转让收入界定的片面化。刘勇等（2014）以华东地区高校科技创新能力为研究对象，创建科技创新基础、投入、产出及转化四方面能力评价模型并进行实证分析。

②转化效率测度方法研究。结合本文研究方法的选择，由于本文使用数据包络方法，对转化效率测度方法研究主要集中在对数据包络方法的应用介绍上。Wendy Chapple（2005）分别用 DEA 方法和 SFA 法对英国大学技术转移办公室的技术转移效率进行了测算分析。Anderson

（2007）利用静态 DEA 方法测量不同大学技术转移效率，结果表明公立大学、私立大学、医学院等性质不同的学校对技术转移效率影响不尽相同。林江等（2011）采用了四阶段 Bootstrap-DEA 方法动态评价科技成果转化效率，并从行业和区域两个视角分别剖析对科技成果转化效率存在的差异性影响。冯尧（2011）通过运用 Malmquist-DEA 方法对我国高技术产业的科技成果转化情况进行动态测算，结果显示近年来转化效率前沿面在后移并提出可行性建议。陈伟等（2011）在运用 GEM-DEA 评价方法对高新技术企业区域科技成果转化效率评价关键指标进行识别的基础上，以我国 30 个省份高新技术企业为实证样本，对它们的科技成果转化效率进行评价。杨宏进等（2011）以 2007 年高校科技成果产出有效状态的省份为研究对象，运用三阶段 DEA 模型测算指出纯技术效率整体被低估，规模效率被高估，进而影响综合效率值。杨秀华等（2014）运用 DEA 方法采用八年面板数据进行测算分析，指出我国高校科技成果转化效率存在不均衡低水平增长的现状。宋慧勇（2015）利用地方高校科技成果转化时期数据对效率测算结果进行聚类分析，指出各地区高校成果转化的综合效率较低主要是规模效率低所致且技术效率均值大于规模效率均值。陈丽玉（2016）从研究型大学科技成果转化全链条出发构建转化阶段模型，运用网络 DEA 方法进行转化效率现状实证刻画。

（3）知识网络下的高校科技成果转化

周荣等分别在 2013 年和 2015 年对高校科技成果转化团队建设进行研究时，发现它很大程度上影响高校科技成果转化效率。研究以南昌大学江风益教授的高校科技成果转化团队为例，从知识网络视角界定高校科技成果转化团队知识网络结构，将高校科技成果转化知识网络运行活动分为知识流转活动和成果转化活动；在高校科技成果转化团队知识网络结构分析的基础上，剖析其中转化行为演化运行过程，在分析两者关系的基础上有创造性地提出高校科技成果转化团队知识网络形成机理的共轭双驱动模式，并根据 SCP 范式分别从高校科技成果转化团队知识网络的结构、行为与绩效三个方面解释其中机制，认为三者的合力决定高校科技成果转化团队知识协作的规模、强度与效果，而高校科技成果转化各参与节点由于投入产出的权衡，拟采用博弈论思想探索知识网络知识增长绩效的内在机制与规律，为高校科技成果转化团队建设和优化提供借鉴。对知识网络视角下高校科技成果转化团队的研究可为高校科技成果转化研究提供指导。

1.2.3 海洋科技成果转化的文献综述

海洋是人类生存和发展的重要空间资源，“强于世界者必先盛于海洋，衰于世界者必先败于海洋”。海洋科学技术的发展与海洋资源的开发利用已被提到国家战略的高度，抢占海洋科技“制高点”已经成为现代海洋权益争夺的主要趋势。海洋科技正日益成为一国海洋事业发展的重要内容，成为海洋事业可持续发展的重要保障与衡量一国海洋综合国力的重要指标。海洋科技推动了海洋高端产业的发展与海洋经济的转型升级，而这一推动离不开海洋科技成果转化与产业化的强大支撑。海洋科技成果转化是加快海洋科技进步、提高海洋科技创新能力、推动海洋经济增长方式转变的重要环节，海洋科技成果也只有转化为现实生产力，才能显示其经济价值和社会价值。

《国家海洋创新指数报告 2016》资料显示，2015 年海洋科技成果转化率达到 50.4%，到 2020 年我国海洋科技成果转化率预计将超过

55%。在海洋科技成果转化取得巨大成果的同时，有关海洋科技成果转化的理论支撑较为匮乏以及相关研究存在不足，形成了理论研究滞后于现实发展的现状。下面从理论、政策缘起与知识演进的角度全面梳理海洋科技成果转化的政策文件和文献，为进一步解决海洋科技成果转化中所遇到的理论匮乏的难题，促进海洋科技成果转化的实现，提升海洋科技成果转化的效率奠定基础。

（1）海洋科技成果转化的相关政策演化

①有关海洋科技的政策演化

早在2001年，联合国正式文件中就首次正式提出“21世纪是海洋世纪”，海洋逐渐成为国际竞争的主要领域。作为海洋大国，我国越来越重视海洋科技的发展，相继出台了众多有关海洋科技的政策文件：

通过系统梳理海洋科技成果转化的文献发现，在2006年“十一五”规划颁布之前有关海洋科技成果转化的文献较少，且这一时期我国出台的相关政策多集中在海洋基础技术的研发上。在国家高技术研究发展计划（863计划）中，国家强调要将海洋生物技术、海洋资源开发技术以及包括众多学科门类的综合技术领域的海洋高技术纷纷纳入国家的战略部署。1991年邓小平同志在为863计划题词时提出的“发展高科技，实现产业化”，再一次强调了研发高新技术在发展海洋产业中所起到的强大作用。国家出台的《“九五”和2010年全国科技兴海实施纲要》（1996—2000）提出在海洋领域实行立足于资源开发利用方面、以推动海洋产业技术进步为目标的“科技兴海”计划。在2002年十六大制定的《国家中长期科学和技术发展规划纲要（2006—2020年）》再一次强调海洋资源高效开发利用的重要战略地位，并将海水淡化技术、海洋生态与环境保护技术、大型海洋工程技术、深海作业技术等海洋综合开发技术一并提出。

从“十一五”规划开始，在重视海洋技术开发的基础之上，国家越来越重视以海洋科学技术的开发来促进海洋的可持续利用能力与海洋的可持续发展。随着时间的推移，推动海洋可持续利用能力的主要因素有所变化，政府从不同的角度对于海洋技术与海洋可持续能力颁布了相应政策。从一开始的以海洋科技成果转化和产业化来增强海洋资源和生态环境的可持续利用能力；到以海洋科学技术作为海洋可持续发展的基础和根本措施，促进海洋可持续发展和海洋事业协调发展；再到通过优化海洋产业结构、加强海洋综合管理来增强海洋开发利用能力；最后提出依靠海洋科技创新驱动、自主创新能力提高海洋经济和海洋事业可持续发展的能力。《国家“十一五”海洋科学和技术发展规划纲要》中提出着力推进海洋科技创新体系建设，加强海洋科技设施、基础条件平台和海洋科技人才队伍建设。2008 年颁布的《全国科技兴海规划纲要（2008—2015 年）》首次提出建设“海洋强国”，以促进海洋科技成果转化和产业化为主线，增强海洋资源和生态环境的可持续利用能力。并将提高海洋管理与安全保障水平、优化海洋产业结构一并提出。《中国海洋 21 世纪议程》再一次强调了海洋资源的可持续开发与保护的重要性，将海洋科学技术作为海洋可持续发展的基础和根本措施，促进海洋可持续发展和海洋事业协调发展。并提出建设良性循环的海洋生态系统，形成科学合理的海洋开发体系。“十二五”规划中再次提强调通过优化海洋产业结构、加强海洋综合管理增强海洋开发利用能力，维护海洋资源开发秩序，并将发展“蓝色经济”上升到国家战略范畴，以此促进海洋可持续发展。《国家“十二五”海洋科学和技术发展规划纲要》中提出在重视原有技术、海洋综合管理的基础之上，进一步将提高自主创新能力、完善海洋科技创新体系作为未来五年的工作重点，基本形成海洋科技创新驱动海洋经济和海洋事业可持续发展的能力。在党的十八大上和“十三五”规划中，进一步将发展海洋技术从而提高海洋资源开发能力，发展海洋经济，保护海洋生态环境，坚决维护国家海洋权益作为建设海洋强国战略部署的方法途径。并且“十三五”规划进一步提出为了贯彻建设海洋强国总体部署和要求，还需要完善国家海洋科技创新体系，提升我国的海洋科技创新能力。《“十三五”海洋领域科技创新专项规划》中明确指出将提升海洋科学认知能力、突破关键核心技术、集成开发海洋生态保护应用系统提升海洋管理与服务的科技支撑能力、通过建设海洋科技创新平台提升海洋产业和沿海经济可持续发展的能力作为今后的工作重心。国家还出台了《全国科技兴海规划（2016—2020年》，进一步强调了海洋科技创新能力的重要性，并提出今后的工作重点是深入实施创新驱动发展战略，充分发挥海洋科技在经济社会发展中的引领支撑作用，增强海洋资源可持续利用能力，促进海洋经济提质增效。具体内容如表1－1所示：

表1－1　有关海洋科技的政策演化

海洋基础技术的研发	国家高技术研究发展计划（863计划）	发展海洋生物技术（海洋动植物养殖生物技术、海洋天然产物生物技术和海洋环境生物技术）、海洋资源开发技术（海洋空间资源开发技术、海洋生物资源开发技术）与海洋高技术（包括众多学科门类的综合技术领域）
	《“九五”和2010年全国科技兴海实施纲要》（1996—2000）	在科教兴国和可持续发展战略的总体背景下，海洋领域提出实行以着眼于资源开发利用方面、推动海洋产业技术进步为目标的“科技兴海”计划，促进了海洋渔业等传统产业的升级改造，海洋经济总量增加迅速
	国家重点基础研究发展计划（973计划）	十五规划：海洋方面重点部署了边缘海的形成演化、近海生态环境演变、陆海相互作用及近海有害赤潮等方面的研究

续表

海洋基础技术的研发	《国家中长期科学和技术发展规划纲要（2006—2020 年）》（2002）	将海洋资源高效开发利用纳入到国家战略工作范畴，重视海洋综合开发技术。 ①水和矿产资源：海水淡化技术以及开发浅海隐蔽油气藏勘探技术和稠油油田提高采收率综合技术，开发海洋生物资源保护和高效利用技术，发展海水直接利用技术和海水化学资源综合利用技术。②环境：海洋生态与环境保护技术。③制造业：大型海洋工程技术与装备。④海洋技术：海洋环境立体监测技术、大洋海底多参数快速探测技术、天然气水合物开发技术、深海作业技术
	国家重点基础研究发展计划（973 计划）	“十一五”规划：中国近海及海洋生态、环境演变和海洋安全、合理利用海洋资源
	《国家“十一五”海洋科学和技术发展规划纲要》	大力发展海洋环境监测预报技术和海洋开发技术，积极开展海洋基础科学和海洋综合管理研究，组织实施重大海洋专项，着力推进海洋科技创新体系建设，加强海洋科技设施、基础条件平台和海洋科技人才队伍建设，推动我国海洋科技全面快速发展。 重点任务： 1. 发展海洋监测预报技术，提高海洋环境保障能力①海洋监测技术。②海洋环境和灾害预警报及其应急保障技术 2. 发展海洋开发保护技术，推动海洋经济健康发展①海洋能源与矿产资源开发技术。②海洋生物资源开发技术。③海水淡化与综合利用技术。④大型海洋工程和船舶技术与装备。⑤海洋生态和环境保护技术 3. 开展海洋科学研究，提高海洋规律认知水平①海洋生态系统演化与海洋资源可持续利用。②中国近海及邻近海域物理海洋关键过程及安全环境。③海－陆－气相互作用及其对东亚气候的影响。④地球动力学与海底资源。⑤海岸带环境变异与沿海可持续发展。⑥海洋污染与海洋灾害机理及预测。⑦深部生物圈与深海极端环境生物。⑧大洋中脊的演化过程。⑨北极海洋和冰雪环境变化及其对全球气候的影响。⑩环境变化的海洋记录 4. 开展海洋管理研究，促进海洋事业可持续发展 5. 实施海洋重大专项，满足国家重大战略需求①我国近海和毗邻海域综合调查与评价。②大洋（深海）资源研究。③极地考察研究。④海洋卫星研制与应用。⑤海洋防灾减灾能力建设。⑥中国“数字海洋”建设 6. 推进海洋创新体系建设，提高海洋科技创新能力①海洋公益事业科技创新体系。②海洋应用技术创新体系。③海洋知识创新体系。④区域海洋科技创新体系 7. 加强海洋科技平台建设，提高海洋科技基础能力①海洋科学研究实验基地。②重大海洋科技基础设施。③海洋科技资源共享与服务平台 8. 加强海洋科技教育，培育海洋科技人才队伍①加强人才培养和引进力度，强力打造优秀创新团队。②发展海洋教育，加强海洋科技普及和创新文化建设。③发挥人力资源潜力，完善海洋科技工作考核评价机制

续表

海洋基础技术的研发	2008年我国发布的《全国科技兴海规划纲要（2008—2015年）》	切实落实“实施海洋开发”和“发展海洋产业”的战略部署，以建设海洋强国为目标，以促进海洋科技成果转化和产业化为主线，以推动沿海地区海洋经济发展为重点，坚持“加快转化，引导产业，支撑经济，协同发展”的方针，增强海洋资源和生态环境的可持续利用能力，提高海洋管理与安全保障水平，促进海洋产业结构优化和发展方式的转变，提升海洋经济的发展水平
	《中国海洋21世纪议程》（2009年）	总体目标：把“海洋资源的可持续开发与保护”作为重要的行动方案领域之一，建设良性循环的海洋生态系统，形成科学合理的海洋开发体系，促进海洋经济持续发展。把海洋科学技术作为海洋可持续发展的基础和根本措施，以发展海洋经济为中心，促进海洋可持续发展和海洋事业协调发展。高新技术促进了海洋产业的发展（海洋空间利用日益多样化、海水资源综合开发利用阶段、海洋农牧化技术、洋油气资源勘探开发）。 战略原则：必须坚持以发展海洋经济为中心，适度快速开发、海陆一体化开发、科教兴海和协调发展的原则。 基本对策①引导海洋产业遵循可持续发展的原则建立和发展。②把海洋开发与沿海地区的社会、经济可持续发展联系在一起。③促进沿海岛屿的可持续发展。④保护海洋生物资源可持续利用。⑤科技进步促进海洋可持续开发利用。⑥建立海洋综合管理体系。⑦保护海洋环境。⑧加强海洋观测、预报、预警和减灾工作。⑨加强国际合作。⑩促进海洋事业的公众参与
	“十二五”规划（2011—2015）	1. 坚持陆海统筹，制定和实施海洋发展战略，提高海洋开发、控制、综合管理能力①优化海洋产业结构：科学规划海洋经济发展，合理开发利用海洋资源，积极发展海洋油气、海洋运输、海洋渔业、滨海旅游等产业，培育壮大海洋生物医药、海水综合利用、海洋工程装备制造等新兴产业。提高海洋科技水平，增强海洋开发利用能力。②加强海洋综合管理：加强海洋生态系统保护和修复。控制近海资源过度开发，维护海洋资源开发秩序。 2. 将发展“海洋经济”（“蓝色经济”）作为国家战略
	《国家“十二五”海洋科学和技术发展规划纲要》	海洋基础研究水平和关键核心技术逐步进入世界先进行列，自主创新能力明显增强，海洋探测及应用研究能力和海洋资源开发利用能力显著增强，海洋综合管理和控制技术水平显著提高，海洋科技资源配置得到进一步优化，海洋科技仪器设备和装备条件显著改善，具有国际影响力的高层次的人才和团队建设取得明显成效，沿海区域科技创新能力显著提升，海洋科技创新体系更加完善，海洋科技对海洋经济的贡献率达到60%以上，基本形成海洋科技创新驱动海洋经济和海洋事业可持续发展的能力

续表

海洋基础技术的研发	《国家“十二五”海洋科学和技术发展规划纲要》	重点任务：1. 强化海洋调查探测研究，提高海洋认知能力：①海洋调查和探测。②海洋基础研究。③数字海洋建设。2. 突破海洋开发关键技术，培育战略性新兴产业：①海洋生物资源开发与高效综合利用技术。②海水资源综合开发利用技术。③海洋可再生能源开发与利用技术。④海洋油气资源勘探开发技术。⑤海洋工程及装备技术。3. 发展海洋服务保障技术，促进深远海能力拓展：①海洋立体观测探测技术。②海洋环境灾害预警报技术。③海上活动海洋环境安全保障服务技术。4. 加强海洋生态保护研究，推进人海和谐发展：①海洋生态健康维护。②海洋生态灾害防控与人体健康维护。③海洋生态修复与污染控制。5. 深化海洋管理技术，拓展海洋综合管理能力：①海洋战略和海洋权益维护技术。②海洋/海岸带综合管理关键技术。③海岛开发与保护管理技术。6. 健全海洋创新体系，优化海洋研发应用能力：①海洋公益事业科技创新体系。②海洋应用技术创新体系。③海洋知识创新体系。④区域海洋科技创新体系。7. 完善科技基础条件，提升海洋自主创新能力：①海洋科学研究试验基地。②海洋科技基础设施平台。③海洋科技条件平台。④海洋标准与检测。8. 培养壮大人才队伍，增强海洋科技竞争能力：①创新型科技人才队伍建设。②科技人员创新创业。③海洋科技教育和海洋科普
	“十八大”（2012）	践行建设海洋强国的战略部署，必须提高海洋资源开发能力，发展海洋经济，保护海洋生态环境，坚决维护国家海洋权益
	“十三五”规划（2016—2020）	1. 坚持陆海统筹，发展海洋经济科学开发海洋资源，保护海洋生态环境，维护海洋权益，加快建设海洋强国①壮大海洋经济：优化海洋产业结构，发展远洋渔业，推动海水淡化规模化应用，扶持海洋生物医药、海洋装备制造等产业发展，加快发展海洋服务业。发展海洋科学技术，重点在深水、绿色、安全的海洋高技术领域取得突破。推进智慧海洋工程建设。创新海域海岛资源市场化配置方式。深入推进山东、浙江、广东、福建、天津等全国海洋经济发展试点区建设，支持海南利用南海资源优势发展特色海洋经济，建设青岛蓝谷等海洋经济发展示范区。建设“21 世纪海上丝绸之路”的总体部署和要求，发展海洋经济。②加强海洋资源环境保护。③维护海洋权益 2. 贯彻建设海洋强国总体部署和要求，提出进一步完善国家海洋科技创新体系，提升我国的海洋科技创新能力

续表

海洋基础技术的研发	《"十三五"海洋领域科技创新专项规划》	按照建设海洋强国和"21 世纪海上丝绸之路"的总体部署和要求，开展全球海洋变化、深渊海洋科学、极地科学等基础科学研究，显著提升海洋科学认知能力；突破深海运载作业、海洋环境监测、海洋生态修复、海洋油气资源开发、海洋生物资源开发、海水淡化及海洋化学资源综合利用等关键核心技术，显著提升海洋运载作业、信息获取及资源开发能力；集成开发海洋生态保护、防灾减灾、航运保障等应用系统，通过与现有业务化系统的结合，显著提升海洋管理与服务的科技支撑能力；通过全创新链设计和一体化组织实施，为深入认知海洋、合理开发海洋、科学管理海洋提供有力的科技支撑；建成一批国家海洋科技创新平台，培育一批自主海洋仪器设备企业和知名品牌，显著提升海洋产业和沿海经济可持续发展能力。重点任务：①深海探测技术研究。②海洋环境安全保障。③深水能源和矿产资源勘探与开发。④海洋生物资源可持续开发利用。⑤极地科学技术研究。⑥开展海洋国际科技合作。⑦基地平台建设和人才培养

②有关海洋科技成果转化的政策演化

在海洋科技的政策演化中，有很多相关政策强调了海洋科技成果转化的重要性。从 2008 年我国发布的《全国科技兴海规划纲要（2008—2015 年）》提出切实落实"实施海洋开发"和"发展海洋产业"的战略部署，力图通过海洋科技成果转化和产业化来促进海洋高技术产业以及沿海地区海洋经济的发展，到十九大报告给出促进科技成果转化的具体路径，即深化科技体制改革，建立产学研深度融合的技术创新体系，再到《全国科技兴海规划（2016—2020 年）》对体系的进一步强调，指出构建起链式布局、优势互补、协同创新、集聚转化的几大重点内容。具体内容如表 1－2 所示：

表 1-2 有关海洋科技成果转化的政策演化

海洋科技成果转化	2008 年我国发布的《全国科技兴海规划纲要（2008—2015 年）》	切实落实"实施海洋开发"和"发展海洋产业"的战略部署，以建设海洋强国为目标，以促进海洋科技成果转化和产业化为主线，以推动沿海地区海洋经济发展为重点，坚持"加快转化，引导产业，支撑经济，协同发展"的方针，增强海洋资源和生态环境的可持续利用能力，提高海洋管理与安全保障水平，促进海洋产业结构优化和发展方式的转变，提升海洋经济的发展水平 重点任务： ①加速海洋科技成果转化，促进海洋高技术产业发展。②加快海洋公益技术应用，推进海洋经济发展方式的转变。③加快海洋新兴产业开发，提高海洋经济保障服务能力。④构建科技兴海平台，强化科技兴海能力建设。⑤实施重大示范工程，带动科技兴海全面的发展
	《全国科技兴海规划（2016—2020 年）》	深入实施创新驱动发展战略，充分发挥海洋科技在经济社会发展中的引领支撑作用，增强海洋资源可持续利用能力，推动海洋领域大众创业、万众创新，促进海洋经济提质增效。着力构建符合科技创新规律和市场经济规律的海洋科技成果转移转化体系 总体目标：到 2020 年，形成有利于创新驱动发展的科技兴海长效机制，构建起链式布局、优势互补、协同创新、集聚转化的海洋科技成果转移转化体系。海洋科技引领海洋生物医药与制品、海洋高端装备制造、海水淡化与综合利用等产业持续壮大的能力显著增强，培育海洋新材料、海洋环境保护、现代海洋服务等新兴产业的能力不断加强，支撑海洋综合管理和公益服务的能力明显提升 重点任务： ①加快高新技术转化，打造海洋产业发展新引擎。②推动科技成果应用，培育生态文明建设新动力。③构建协同发展模式，形成海洋科技服务新能力。④加强国际合作交流，开拓开放共享发展新局面。⑤创新管理体制机制，营造统筹协调发展新环境
	十九大报告	提出"坚持陆海统筹，加快建设海洋强国"，加强国家创新体系建设，强化战略科技力量。深化科技体制改革，建立以企业为主体、市场为导向、产学研深度融合的技术创新体系，加强对中小企业创新的支持，促进科技成果转化

从知网的检索中我们可以发现国内关于海洋科技成果转化的文献最

早始于1995年。从1995年至今，关于海洋科技成果转化的研究逐步增多。海洋科技成果转化的文献从时间的脉络上看大致可以分为三个阶段：

第一阶段：1995—2006年。这一时期，国内有关海洋科技成果以及海洋发展的文献相对较少，政策文件也多集中于海洋基础技术的发展。关于海洋科技成果转化的研究尚未受到学者们的重视，他们更多关注的是以下三个方面的研究：第一个方面是如何解决海洋科技成果转化领域出现的科技产业思想观念滞后、科技经济转化链条不衔接、供需不衔接、管理体制问题；第二个方面是对海洋科技成果转化的运行模式的研究；第三个方面是少数文章提到了海洋科技成果转化的概念。

第二阶段：2007—2012年。这一时期，有关海洋科技成果转化的文献开始增多，而且相关的研究已经由定性研究向定性研究与定量研究相结合的方式转变，文献研究的问题多集中在以下四个方面：第一个方面是部分学者对海洋科技成果转化的定义进行了总结和概括；第二个方面是对海洋科技成果转化问题的研究仍然为研究重点，但是研究的问题已经由对观念滞后、供需不衔接、管理体制等的研究转移到对技术落后、科技投入匮乏、缺乏产业化良性发展模式等问题的研究；第三个方面是对海洋科技成果转化的运行模式的研究仍为研究重点；第四个方面是对海洋科技成果绩效评估的研究。

第三阶段：自2013年至今。这一时期，有关海洋科技成果转化的文献进一步增多，而且相较之前的海洋科技成果转化的运行模式仍为研究重点之外，又相继出现了关于海洋科技成果转化的特征和过程、海洋科技成果转化的体制机制、海洋科技成果转化率的评价的相关研究。研究的方法除了定性研究、定量研究之外，案例研究也逐渐增多。在案例研究中，山东半岛海洋产业发展的地区优势逐渐成为研究重点。

（2）海洋科技成果转化概念的相关研究

在对海洋科技成果转化概念的研究中，有学者从海洋技术扩散的视角展开。于金镒（2006）指出海洋科技成果转化实质上是海洋技术扩散的过程，也是海洋科技成果商品化、产业化的过程。海洋科技产业主要包括两个方面：一是海洋科技成果，特别是高科技成果商品化，实现规模生产，形成新的海洋科技产业；二是海洋产业的科技化，应用高新科技对传统海洋产业进行技术改造，不断提高产品的科技含量，从而提高生产水平和经济效益（巫小兰，1996）。孟庆武（2013）等指出海洋科技成果转化是指从海洋科学技术概念的提出和研发、产品开发和技术的推广，到产品的生产和技术在海洋资源开发、海洋产业的应用过程中的一切经济和社会活动。

也有学者从科技成果转化在海洋领域的应用的视角展开给出海洋科技成果的概念。《中华人民共和国促进科技成果转化法》指出科技成果是指通过海洋科学研究与技术开发所产生的具有实用价值的成果；科技成果转化，是指为提高生产力水平而对科技成果所进行的后续试验、开发、应用、推广直至形成新技术、新工艺、新材料、新产品，发展新产业等活动。彭伟（2009）指出可将科技成果转化的定义直接引用到海洋领域，即海洋科技成果转化是指为提高海洋领域生产力水平而对海洋科技成果所进行的后续试验、开发、应用、推广直至形成新技术、新工艺、新材料、新产品，发展新产业等活动。在此基础之上，钱洪宝、向长生（2013）对海洋科技成果转化概念中所提到的海洋领域进行了补充，提出海洋科技成果转化是指针对海洋资源开发、环境监测与保护、海洋科学研究产生的具有实用价值的科技成果所进行的后续试验、开发、应用、推广直至形成新产品、新工艺、新材料，发展新产业等活动。

（3）海洋科技成果转化问题的相关研究

关于海洋科技成果转化问题的研究一直贯穿在海洋科技成果转化研究的始终。随着时间的推移，社会主要矛盾和问题不一，学者们的研究重点也在相应发生变化。

第一阶段：这一时期，海洋科技成果转化过程中存在的问题大都集中于观念滞后、科技经济链条不衔接、管理体制、供需不当与资金投入、运行机制与社会服务体系等。①在观念滞后方面，徐质斌（1995）指出政府机关、科研单位和多数企业的科技产业思想观念滞后；孙吉亭（1999）指出当时存在“科技产业意识”尚未牢固建立、科研机构师出多门、企业观念陈旧的问题。②在科技结构方面，徐质斌（1995）指出科技大军部署、基础和应用研究以及试验开发和推广应用的力量投入不均、科经转化链条不衔接的问题。③在管理体制方面，徐质斌（1995）、徐质斌（1996）均提到了科研机构缺乏纵向传递关系、缺乏对科技转化的工程统管单位的管理体制。④在资金投入方面，于金镒（2006）提出海洋科技投入严重不足，资金支持力度不够的问题；孙吉亭（2001）指出成果转化过程中的资金链条不衔接、非配比例不当的问题。⑤在运行机制与社会服务体系方面，徐质斌（1995）指出成果转化运行机制不健全，社会服务体系服务不够；巫小兰（1996）再次指出现存的转化运行机制不健全、研究与生产脱节的问题。

在第二阶段：随着海洋科学技术在海洋科技成果转化中发挥着越来越不可替代的作用，海洋科技成果转化中出现了一些新的问题。大都集中于海洋科学技术发展缓慢、资金投入不足、缺乏良性发展模式的问题：①在海洋科学技术方面，于金镒（2006）、马志荣（2008）均指出当前国家仍对海洋科技创新研究的规律和战略认识不清、重视不够，导致关键技术受制于人；江苏科技报（2006）也指出加快海洋科技成果转化的举措便是提高以企业为主体的自主创新能力以及深化科技体制的改革；方芳等（2011）指出我国海洋技术产品缺乏竞争力，国外技术封锁，关键技术受制于人。②在资金投入方面，马志荣（2008）等学者均强调了科技投资渠道单一，经费投入严重不足的问题。③在良性发展模式方面，方芳等（2011）指出缺乏海洋产业化良性发展模式以及完善的转化体制和机制。

在第三阶段：海洋科技成果转化是海洋科技与海洋经济相结合的过程，其两端分别是海洋科研机构和涉海企业，海洋科技则在两者之间承担着桥梁和纽带作用。同时，由于科技成果转化具有正外部性特征，政府需要出台政策、制定措施来推动科技成果转化工作。因此，海洋科研成果能否顺利转化为生产力很大程度上取决于海洋科研机构、企业、海洋科技及政府这四者的协调程度，但这四者之间的不协调恰恰是这一时期制约海洋科技成果转化的主要因素。这一时期海洋科技成果转化过程中存在的主要问题主要集中于科技创新不足、技术研发力量分散、海洋科技成果可转化性低、涉海企业承接能力不足、海洋科技成果转化链条断裂、海洋科技转化资金投入以及政府相关法律和政策的落实方面的问题。①在科技创新不足、技术研发力量分散方面，钱洪宝、向长生（2013）指出转化缺乏顶层设计，技术研发力量分散以及中小企业研发力量薄弱；杨瑾、潘树红（2013）指出科技力量分散、技术推广环节力量薄弱；张婷（2016）提出海洋科技成果转化的致命问题是科技创新不足。②在海洋科技成果可转化性低方面，李晓光、杨金龙（2013）、青岛市科技局软科学研究课题组（2015）、厉娜等（2016）均指出高校和科研院所研究成果堆积，科技成果可转化率低。③在涉海企业承接能力不足，海洋科技成果转化链条断裂方面，钱洪宝、向长生（2013）指出经费结构安排不尽合理，转化环节经费缺口较大，海上试验严重不足导致转化无法正常进行；李晓光、杨金龙（2013）指出科技成果中试环节具有难度大、成本高、风险大的特点，从而导致了转化链条不衔接的问题；厉娜等（2016）提出涉海企业承接能力不足，海洋科技成果转化链条断裂。④在海洋科技成果转化资金投入方面，杨瑾、潘树红（2013）、青岛市科技局软科学研究课题组（2015）、厉娜等（2016）均提出资金投入存在不衔接性，仍需加强海洋科技成果转化所需资金的投入。⑤在政府法律与政策落实方面，孟庆武（2013）指出制约海洋科技成果产业化的社会制度因素主要包括财政税收政策、金融政策等政策法规以及政策性补助、政策性贷款等政府行为；2017 年十二届全国人大五次会议的代表们进一步将科技成果转化相关法律和政策落实作为新的出发点，指出研究海洋科技成果转化过程中出现了一些新问题，即一是国有资产登记和管理手续多、周期长，二是一些数额较大的成果转化收入个人所得税负高，三是应当明确科技人员的成果转化收入纳税由支付单位代扣代缴，保障纳税安全。

（4）海洋科技成果转化运行模式的相关研究

在海洋科技成果转化过程中，有关海洋科技成果转化运行模式的研究一直是学者们的重点。海洋科技成果转化必须借助一定的途径来实现，较好的转化模式有助于解决成果转化中海洋科研机构与接产企业在资金投入、风险分担、利益分配上的矛盾和冲突。对已有学者提出的海洋科技成果转化运行模式进行总结和概括，认为主要包含四种模式：海洋企业自主转化的模式，海洋协议转化模式，海洋公共技术服务平台转化模式以及海洋产学研合作转化模式。下面我们对这四种运行模式做详细的介绍。

①基于海洋企业自主转化模式的研究

海洋自主转化模式是指海洋企业以现有政策和环境为依托，利用自身研制的科技成果在本单位内部进行的一种科技成果转化模式。如图1－1所示。

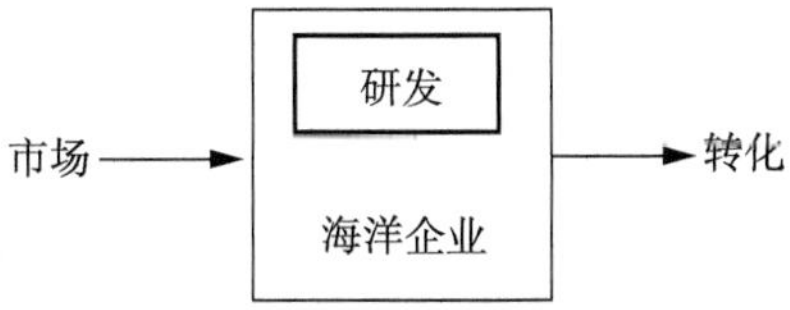

图1－1 自主转化模式图

学者巫小兰（1996）认为海洋企业可以在本单位内部实现海洋科技成果的研发与转化，并认为海洋企业可以来自采取各种手段和各种形式推动和鼓励研究开发机构改制转型的科技企业，也可以来自企业与科研机构互相兼并，或通过参股、控股组建成的以科技为先导、产权联结为纽带的跨地区、跨行业的科技产业开发集团，从而达到科研与产业一体化。她还将海洋企业的产业性质分为海洋工业和海洋农业。针对海洋工业企业提出了海洋工业科工贸一体化（企业内部科技研发、工业生产、贸易销售一体化，即自主研发自主生产自主销售）的转化模式，针对海洋农业提出了海洋农业技农贸一体化（以科技为支柱、市场为导向，产前、产中、产后服务相配套，即企业内部技术研发、农业生产、贸易销售一体化）的转化模式。

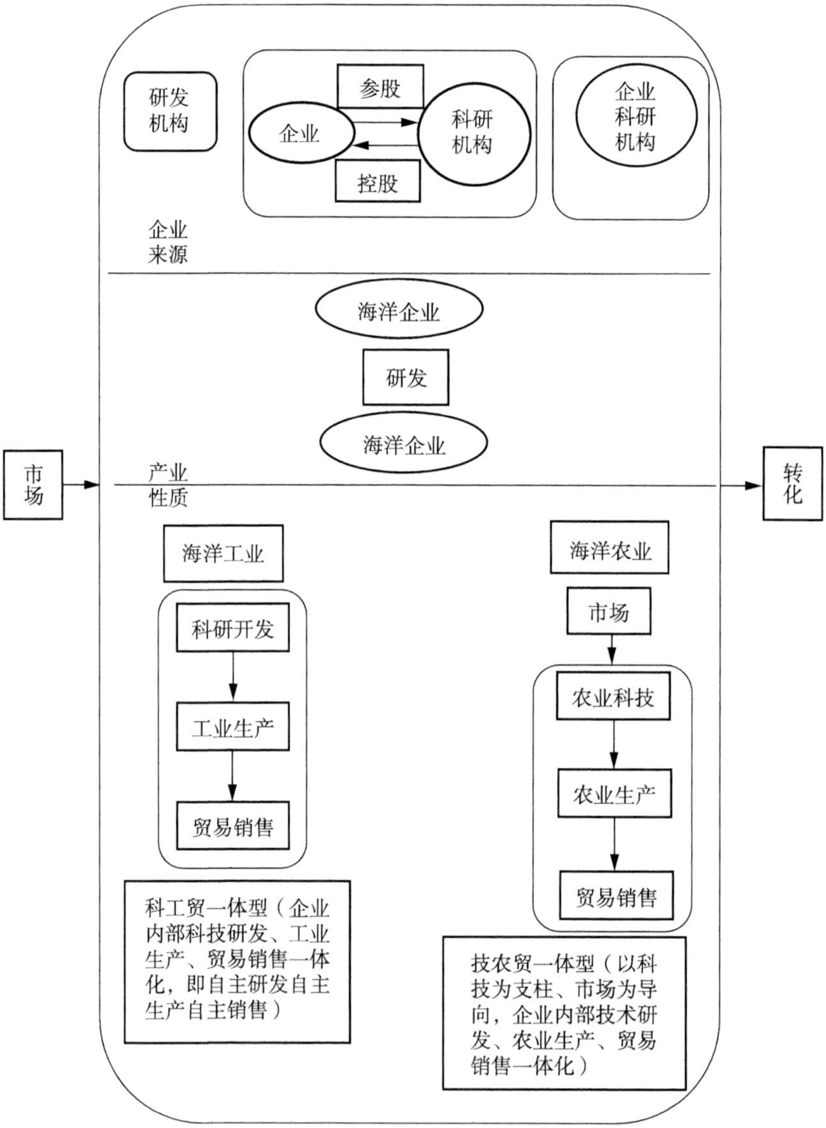

图 1－2　海洋工业科工贸一体化与海洋农业技农贸一体化模式图（巫小兰）

学者于金镒（2006）指出海洋企业集团按照现代企业制度的模式运作，可以形成高效的决策和管理机制，形成市场预测、科研攻关、技术开发、中试生产、销售反馈良性循环，实现科研、生产、销售一条龙，实现海洋科技成果的转化和规模化发展。他也提到了科工贸一体型的海洋科技成果转化模式并且认为海洋企业的来源可以是具有名牌效应的当地优势企业，也可以由民营科技企业发挥其优势。如图 1－3 所示。

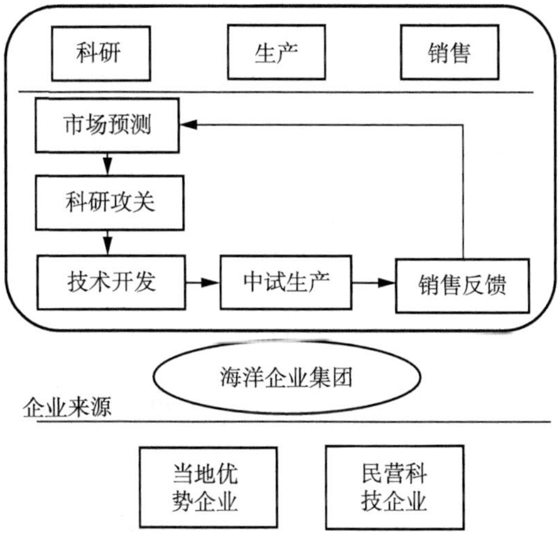

图 1－3　海洋企业集团（于金镒）

②基于海洋协议转化模式的研究

海洋协议转化模式是指海洋科技成果的拥有方与合作方两个主体以合股或利润分成方式进行转化。该转化的核心问题是协议方在合作过程中风险共担和利益共享，防止资源闲置。

巫小兰（1996）指出海洋企业与海洋科研机构通过互相兼并，或通过参股、控股等形式组建科技产业开发集团，实现海洋科技成果产业化。但是国家金融机构必须设立海洋开发风险专项资金，保证海洋科技研究经费和产业开发经费。具体转化模式见图 1－4。

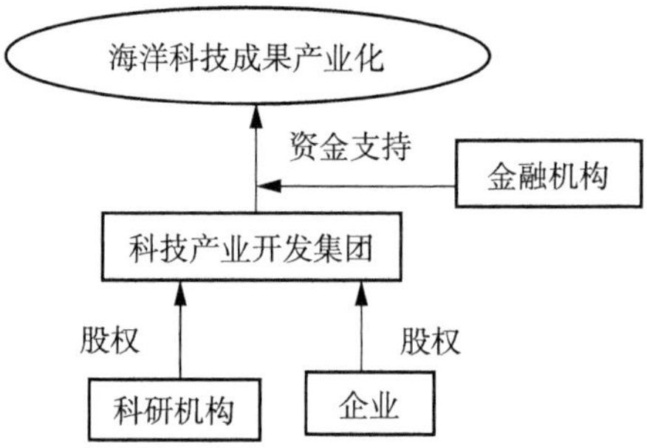

图 1－4　科技产业开发集团模式图

在这种模式下，孙吉亭（2001）进一步明确了科研机构以海洋科技入股企业，并运用股份制模式解决海洋科技成果转化过程中资金短缺的问题，加快海洋科技成果转化。

③基于海洋公共技术服务平台转化模式的研究

基于海洋公共技术服务平台转化模式的研究主要指的是转化主体，如海洋院校、科研机构、海洋企业等共同搭建一个平台，为转化主体提供专业的共性技术服务，实现公共资源的共享。在具体的平台模式中，有着不同的表现形式：有面向行业的公共服务平台的模式，有面向行业的海洋科技园模式，也有中介机构的平台模式。下面我们将对这三种不同的平台模式做详细的介绍。

面向行业的海洋公共技术服务平台转化模式是政府、海洋高校、海洋科研机构、海洋企业利用自身的专业优势，建立面向行业的公共服务平台，为转化主体提供专业的共性技术服务，实现公共资源的共享。

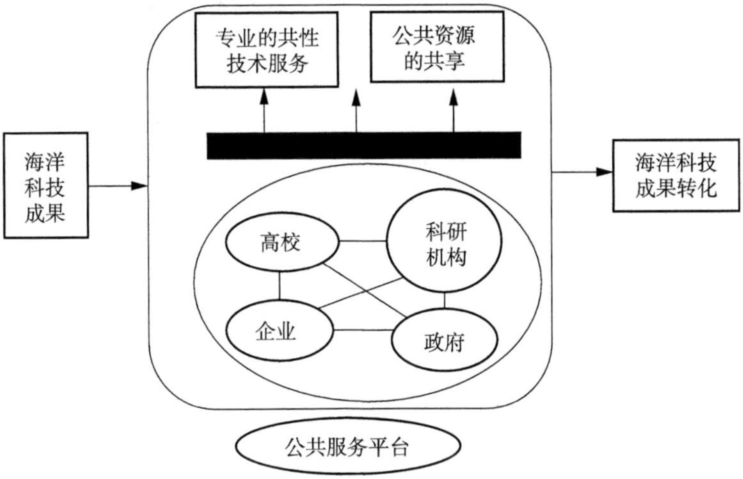

图1－5 海洋公共技术服务平台转化模式图

学者韩立民（1999）提出建设面向行业的海洋科技园，其任务是研究、开发和生产高技术产品，促进海洋科学成果的商品化和产业化。海洋科技园内企业的基本活动是研究和产品开发，而不是制造和销售等其他商业功能，在海洋科技园从事研究与开发活动的主要是高水平的科学家和工程师。并且海洋科技园从事的海洋开发和海洋经济建设得到了政府的优惠政策、各种改革措施和产业界的支持，并且充分依靠海洋科研单位和海洋院校的人才优势和智力优势，为转化主体提供专业的共性技术服务，加快海洋高技术产业发展，最终实现海洋高新技术成果的商品化、产业化和国际化。模式如图1－6所示。

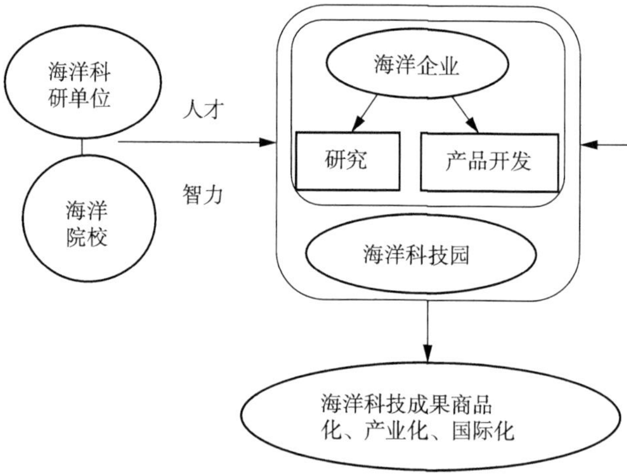

图1－6　海洋科技园模式图

邵康（2005）等创新性地提出企业根据自身需求，通过海洋科技中介服务机构获得所需技术以及海洋科技成果拥有者通过技术市场把科研成果部分或全部许可或转卖给企业实施转化，使其在转化过程中衔接供需双方，更好地解决转化过程中的相关问题，更好地实现海洋科技成果转化。

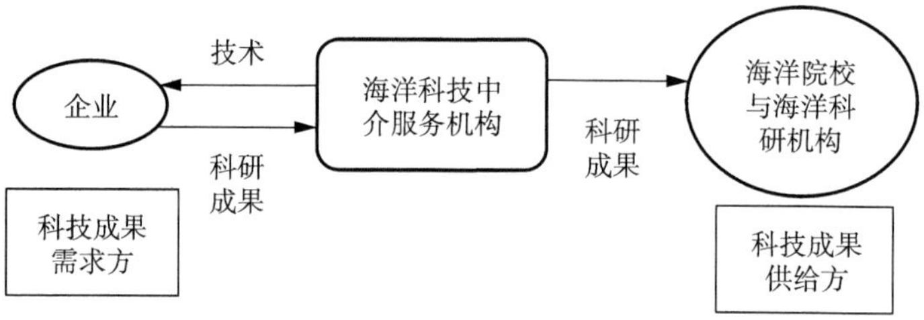

图1－7　中介机构的平台模式图

④基于海洋产学研合作转化模式的研究

海洋产学研合作转化模式实际上是一种供需转化的模式，即海洋企业作为技术需求方，与海洋科研院所或高等学校为技术供给方以合作、合资、一体化的方式进行科学研究、产品开发和人才培养等活动，实现共同海洋科技成果转化。学者彭伟（2009）指出产学研的转化模式实质上是促进技术创新所需各种生产要素的有效组合。

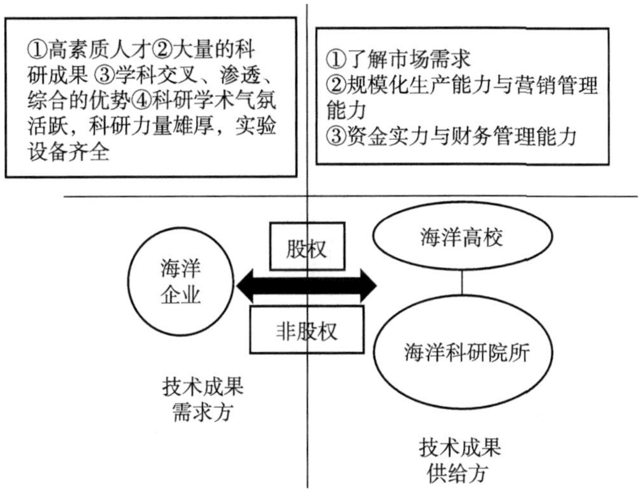

图 1－8 “产、学、研”模式图

在上述产学研的模式基础之上，学者徐士元、毛志雄（2014）借鉴国外学者的“三重螺旋理论”，将政府引入科研机构与企业形成的供需模式之中，形成“研、产、政”模式，以促进海洋科技成果转化的顺利进行。该模式如图 1－9 所示。

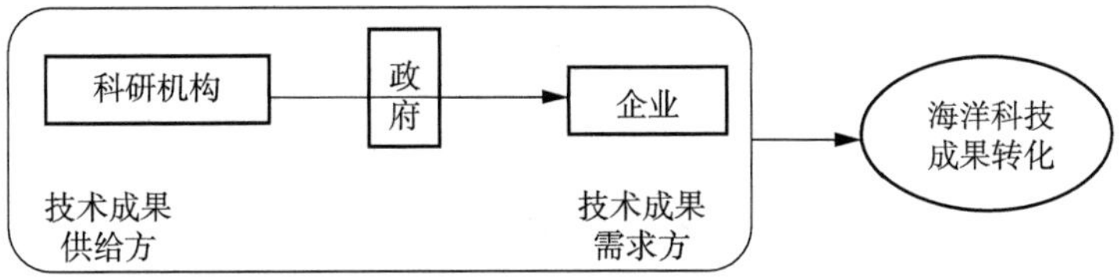

图 1－9 “研、产、政”模式图

程元栋、李开红（2005）认为海洋科技成果转化的运行不仅需要政府的政策推动，还需要非政府组织解决海洋科技成果转化过程中的意识转变、有效供需不足、风险承担、资金筹措等问题，并指出非政府组织建立的两种模式：政府推动型和社会主导型。

青岛市科技局软科学研究课题组（2015）在分析海洋科技成果转化的产学研运行模式基础上，肯定了技术市场的中介作用，资金的有效供给对海洋科技成果转化的作用，即“产、学、研、政、金”合作模式。

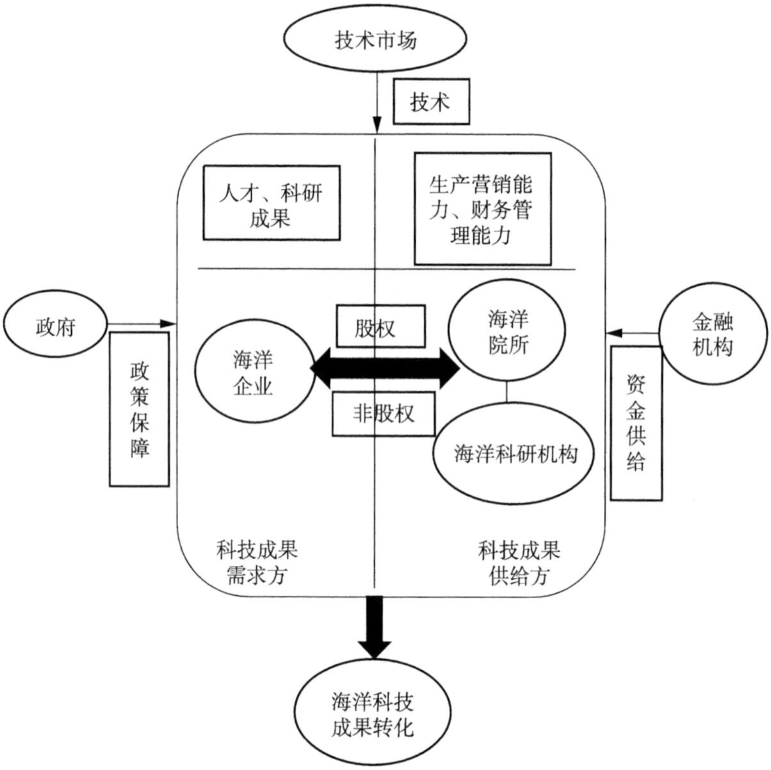

图1－10　“产、学、研、政、金”模式图

1.2.4 科技型企业技术创新

（1）技术创新能力

通过梳理发现，目前以科技型中小企业技术创新能力为评价对象的指标体系很多，根据指标的选取标准进行划分，可将技术创新能力的评价指标分为三类：基于“创新绩效”的评价指标，基于“创新过程”的评价指标及基于“创新环境”的评价指标。初期研究以单一类别的评价方法为主，随着研究深入，单一指标的评价方法逐渐被指标体系所取代，研究者开始采用不同视角对上述指标进行有序分类组合，主要的评价角度总结为：创新能力构成要素、企业投入—过程—产出、创新能力系统等，所以构建该类评价指标体系的重点在于如何科学合理地筛选出技术创新能力的评价指标，下面将对上述三类指标的相关研究成果进行详细阐述。

①基于“创新绩效”的技术创新能力评价指标的相关研究。该类评价指标选取以传统投入产出理论为依据，其思路是将企业创新活动看作投入产出的封闭系统，忽视中间创新过程，对企业的创新投入、创新产出进行数量测度，将上述量化指标的高低水平与企业创新能力水平挂钩。在世界经济合作与发展组织（OECD）提出的测度体系中，主要包括了专利数、创新数量、新产品销售比例等七大定量指标。在上述指标体系基础上，不同研究者对投入、产出指标进行了差异化筛选，如Romijn（2002）主要采用了两类指标：专利的申请数量与产品创新指数。Souitaris（2002）选取了四类指标：创新产品数、创新销售占比、专利数及研发支出在销售收入中的占比，之后在此基础上增加了小程度创新产品数、大程度创新产品数、小程度创新产品的销售占比、大程度

创新产品的销售占比四大指标，将四类指标细化为七类指标。Caloghirou（2004）主要采用了两类指标：具有明显改进的产品数和新产品销售占比。

总的来说，基于"创新绩效"的评价指标以定量指标为主，指标选择分歧较小且测量方便，但也存在明显弊端，很多研究者指出基于创新绩效的评价指标不能真实地反映中小企业的创新能力。Kleinknecht（1996）指出常用的R&D指标将导致中小企业的技术创新能力被低估，因为中小企业的创新能力的发展呈现动态性与非线性的特征，投入产出指标对创新能力的作用具有时间滞后性，而且该效应在中小企业尤为突出，并且中小企业受规模限制一般缺少专门设置的研发经费导致其R&D指标评分过低，而其开展的其他类型的企业活动中所表现出的创新能力又难以被量化。CoombsR（1998）则指出专利指标对于中小企业的不适用问题，一是因为完整的创新过程包括研发与市场化，但并不是所有的专利都能成功实现市场化，二是因为专利申请的经济成本与时间成本以及中小企业专利保护意识不足等问题导致中小企业的创新成果并没有完全申请专利。所以基于"创新绩效"的评价指标自身的弊端及其对中小企业的不适用性导致仅基于该类指标构建的评价体系逐渐被淘汰，或逐渐与其他类指标组合出现以得到更加科学的评价结果。

②基于"创新过程"的技术创新能力评价指标的相关研究。目前，研究者普遍认同创新产出不能作为衡量企业创新能力的唯一指标，必须将整个创新过程的比较纳入评价。基于"创新过程"的创新能力评价将良好的过程管理视为企业创新成功的主因，指标选取与创新的管理过程、组织机制相结合，其理论基础是技术创新过程模型，构建该类评价指标的焦点汇集在如何对创新过程进行合理的理解和划分上。目前对于

创新过程的理解形成了较为一致的观点，但对于创新过程的具体划分尚没有统一的标准，比较有代表性的观点有：

远德玉（1994）将技术创新作为一个将科技成果转化为现实生产力即商品或服务的动态、连续的渐进过程。依据企业技术创新过程的阶段性特征和在不同阶段创新资源的配置和使用情况，将技术创新能力评价指标定为：市场机会的选择能力、技术研发能力、样品制造能力、中试能力、规模生产能力、市场开拓能力、市场信息反馈和产品更新能力等。杨宏进（1998）强调了技术创新是一个复杂的过程，其各环节的重要性各不相同，最终将创新过程的关键性环节归结“决策（资源）→实施（效率）→实现（效益）”的三阶段模型，进而提出了技术创新能力的六大构成要素：资源投入能力、研发能力、制造能力、营销能力、创新管理能力以及创新产出能力，并强调了管理能力在整个技术创新能力中的重要作用。郑春东（2000）指出企业在市场中作为一个整体存在，其技术创新过程包括市场技术需求分析、技术创新构思与规划、研究开发、生产、价值实现等多个环节，而技术创新能力就是创新过程中各环节能力的综合，并且强调了各环节能力是相互影响的。近年来，技术创新过程的研究呈现跨学科发展的趋势，部分研究者从知识管理的视角对基于“创新过程”的技术创新能力评价指标体系进行了研究。吕一博（2009）利用技术创新过程模型开展了一系列研究，将知识管理与因子分析理论相结合，构建包含创新发起能力、创新实现能力和创新推广能力三维度的中小企业创新能力评价指标体系，并对每个维度进行了细化研究。罗洪云（2015）将技术创新分为突破式创新与渐进式创新，对新创科技型小企业来说突破性技术创新是其赶超成熟大企业的重要途径，并从知识管理视角提出新创科技型小企业突破性技术创新过程由模糊前端创意生成、研究开发、中试生产、商业化和新技术标准形成五个环节构成，并分别对应一种过程能力。由此可见，目前通过创新过程对技术创新能力进行评价的思路得到了学术界的认可，并有学者将基于“创新过程”的指标与基于“创新绩效”的指标进行综合，构造出了更加全面的评价体系，但由于目前缺乏统一、权威的创新过程划分规范，导致基于“创新过程”的技术创新能力的评价研究累积性有待提高。

③基于“创新环境”的技术创新能力评价指标的相关研究。陈力田（2012）指出企业创新能力依托于不同的情景表现不同的特征，随着情景的内外转换，企业技术创新能力构成不同，所以对技术创新能力的评价应该综合考虑内外部因素对企业创新的影响。该类指标按照系统理论，以一定的环境为前提，分析不同环境对企业技术创新的影响，体现了中小企业开放式创新的特点。与上述两类评价指标不同之处在于，该类指标一般不单独构建技术创新能力的评价指标体系，而是作为上述两类指标的有益补充，主要包括获取外部信息的能力、企业内部环境、企业外部环境等要素。信息能力专指企业获取外部信息的能力，包括信息获取的渠道以及信息的处理能力，具有代表性的观点有：李艳（2010）将科技竞争情报（Competitive Technical Intelligence，简称 CTI）纳入了技术创新过程，并将信息的“选择能力”作为技术创新能力评价的第一部分。许雅婷（2017）指出处于资源弱势地位的科技型中小企业需要借助外部资源实现协同创新，将“外部资源的获取能力”加入了技术创新力的评价体系。企业内部环境以企业的组织文化为代表，相应的外部环境指企业所处的政治、经济、社会、市场等环境，体现了企业发展的地域特征。陈战波（2015）强调和谐的企业文化能更好地

激发员工的创新能力与创新激情，提高企业的创新持续能力，并将该种能力总结为“企业组织能力”，加入到技术创新能力的评价体系中。朱霞（2012）将技术创新能力视为企业内在相关能力与企业内外部环境有机作用的结果，将内部环境细化为企业创新氛围、信息化水平以及创新保障水平三方面，将外部环境分为宏观环境与微观环境，宏观环境主要指政治、经济、文化等外部大环境，而微观环境则具体到企业从政府、外部机构等其他主体获得支持或合作的状况。综上所述，随着研究的深入，越来越多的学者开始关注创新环境对企业技术创新能力的作用，基于“创新环境”提出的评价指标构成了中小企业技术创新能力评价指标中必不可少的一部分。

（2）技术创新能力评价

统筹国内外研究结果发现，对技术创新能力评价方法的选择研究呈现百花齐放的态势，根据综合评价方法的具体步骤划分，指标选取及指标计算的具体方法可多达数十种。

①关于指标选取的方法。研究初期的指标选取多依靠研究者的主观判断或者专家经验获得，随着研究不断深入，研究者发现凭借经验主观判断筛选出的指标由于缺乏统一的理论和概念框架指导往往出现指标罗列重复和概念混淆繁杂的现象，因此研究者对指标选取的科学依据越来越重视，指标选取的定性与定量方法得到发展。常见的定量指标选取方法有主成分分析法、因子分析法等。苗旺（2011）在问卷调查的基础上，利用因子分析法对获取的数据进行分析，挖掘出技术创新能力的关键因素，最后提炼出评价指标体系并对山东省中小企业的技术创新能力进行综合评价。彭灿（2013）以前人的评价体系为基础，利用主成分分析法对原始年鉴数据进行简化分析，并利用简化的指标对江浙沪的中

小企业技术创新能力进行了定量评价和横向比较。

除采用定量的方法确定指标权重外，指标选取的定性分析方法也得到了发展。随着研究的深入，研究者更加关注指标之间的逻辑联系，希望为技术创新能力评价提供理论框架的指导，因此将相关领域的理论模型引入到技术创新能力的分析中成为新的研究趋势。柳飞红（2010）参考 ISO9000 质量管理体系持续改进过程模式，对技术创新过程进行分析，构建了技术创新过程模型，并以此为理论基础对技术创新能力进行合理分解，提出了技术创新能力评价的五大指标。曹文才（2013）在质量功能展开模型（Quality Function Development，简称 QFD）基础上，结合科技型中小企业技术创新的特点，提出了 DFQFD 科技型中小企业创新动态过程质量屋模型，并在此基础上构建了体现评价主体可持续创新能力的评价指标体系，为实践活动提供了较好的理论基础。

②关于指标计算的方法。评价过程中首先要考虑如何解决权重确定的主观性问题，其次是结合企业创新能力指标的特点尽量克服指标本身的缺陷。常用的方法有层次分析法（AHP）、熵值法、数据包络法（DEA）、均值—方差模型法（E－V 模型法）、BP 神经网络分析法、灰色评价法等。Guan J C（2006）利用 DEA 法评价企业技术创新能力，指出了技术创新能力与企业竞争力之间的关系。Wang C H（2008）运用模糊综合评价法对不确定环境下企业技术创新能力进行评价。李好婷（2008）通过梳理技术创新理论，建立了中小企业技术创新能力的 E－V 评价模型。陈芝（2010）设计了基于 BP 神经网络理论的中小企业技术创新能力评价模型，并用实例验证了模型的有效性。崔总合（2012）采用层次分析法（AHP）对企业技术创新能力评价指标体系进行研究。曹萍（2010）构建了基于网络层次分析法（ANP）的企业技术创新能

力评价模型。徐利（2010）应用灰色模糊评判法对企业技术创新能力进行了评价。许雅婷（2017）构建了基于结构方程模型（SEM）的技术创新能力评价模型。

近年来，一些新的方法在技术创新能力评价领域得到了应用。王小黎（2011）借助支持向量机模型（Support Vector Machine，简称 SVM）对中小企业技术创新能力进行综合评价，并证明了该模型在客观性与灵活性方面的优越性。毕克新（2011）利用折中的多属性决策 VIKOR 方法（Vlsekriterijumska Optimizacija I Kompro-misno Resenie）对科技型中小企业自主创新能力进行综合评价，削弱了人为主观因素与非确定性随机因素的负面影响，并考虑了企业间创新的相对效果。

上述研究均采用一种方法对技术创新能力进行了较为科学的评价，使用单一方法简单易行、可操作性较强，但由于各种方法各有利弊，为了达到更好的评价效果，避免单一方法对评价结果有效性的影响，目前研究者偏向采用多种方法的集合来评价企业技术创新能力，通过方法之间的互补开创了“基于方法集的组合评价”的新思路。汪志波（2013）提出利用 AHP－灰色关联度模型计算得到各企业技术创新能力灰色关联度数值和排名的方法。郭彩云（2013）针对模糊层次综合评价法的不足，对原有的模型构建过程进行了优化，提出隶属度转换算法（MTA）与层次分析法（AHP）相结合的综合方法。为了降低主观因素对研究结果的影响，白杨敏（2015）构建了基于 AHP-DEA 模型的企业技术创新能力评价体系。李玥（2017）综合运用熵值法和 TOPSIS 法构建了企业技术创新能力评价模型，在知识整合视角下对企业技术创新能力进行评价。李素英（2017）构建了基于 AHP-BP 的科技型中小企业创新能力评价体系。从上述研究成果可以发现，为了更有效地进行技术创新能力的评价，评价的具体方法呈现出多样化、组合化的发展趋势。

1.2.5 知识与技术创新关系

（1）知识与企业能力的相关研究

对企业资源理论中竞争优势来源问题的深度探讨诞生了企业能力理论，该理论将企业竞争优势归结于企业管控资源的能力，而企业知识理论又进一步阐释了企业能力的来源，认为是企业拥有的知识决定了企业能力，知识不同所以能力不同。而知识的异质性体现在企业的知识存量上，重点体现在一些难以被竞争对手模仿的默会知识、知识结构以及与企业知识密切相关的认知能力上，同一区域内的企业所面对的外部环境从客观上讲是相同的，但知识异质性导致企业对机遇识别和资源调配方法的区别，进而影响了企业资源在何种程度上发挥效能，从长期来看形成了企业的竞争优势差距，因此以知识为内核的企业理论逐步兴起。

Brown J S（2001）提出企业知识理论的核心观点是将企业视为一种知识一体化制度，企业在各自的经营实务中完成知识积累，过程的差异化形成了企业知识的差异化。Madhok A（1997）将差异化的知识视为一种分析工具，借助分析知识的不同属性进行解释并预测企业的特征和行为。梳理发现，企业知识理论的研究重心由随机性与成本主义倾向向逐步理性与价值导向转移，从根源上改变了整个企业行为的分析方法，推动了企业持续竞争力分析的纵深发展。近年来，余光胜（2005）等学者纷纷指出借助企业知识理论对企业行为进行事后解读与事前预测已不能满当前企业的发展需要，对企业知识活动的微观实时剖析成为企业关注的焦点。

（2）知识管理与技术创新的相关研究

形成于企业经营实务的知识逐渐成为决定企业生产与竞争绩效的战略性资源，而知识管理是研究如何实现知识效用最优化的重要课题。Nonaka I（2006）将高稀缺、难模仿的知识差异作为企业竞争力的基础，企业通过知识获取、整合、共享与创新完成企业知识管理过程。对知识管理与技术创新的研究主要有以下几个重点。

其一，借助知识管理可以提高技术创新能力。徐元俊（2012）指出了知识管理与技术创新的相互作用，两者协同为企业技术创新能力提供知识动力。陈恒（2014）认为企业技术创新能力和知识管理能力之间存在耦合。一方面，知识管理能力为技术创新能力提供知识基础；另一方面，技术创新能力提升过程又为知识管理能力的知识演进提供场所，促进知识创造、传递、积累和应用过程，二者的协同效应在加速价值创造的同时提升企业核心竞争力。王娟（2015）从企业文化、市场适应性、核心竞争力方面提出了知识管理对中小企业技术创新能力的提升机制。

其二，知识管理对技术创新绩效具有重要影响。徐巧玲（2013）把企业技术创新绩效看作是企业在一定的资源限定条件下所达到的综合效益和创新效率的提高，从基础结构能力与过程处理能力两方面验证了知识管理对技术创新绩效的正向关系。Dibiaggio L（2014）认为企业知识的互补性和替代性对创新绩效具有关键影响，要实现持续的技术创新必须从知识结构与创新策略优化入手。曾德明（2015）研究发现知识互补性、替代性与技术创新绩效存在边际递减效应，明确了企业知识基础结构与技术创新绩效的关系。

其三，知识管理过程包含在技术创新过程中。Ferrari F M（2004）

提出企业技术创新是知识输入与输出整合的过程，知识管理的结构化程度影响创新优势的发挥程度。夏训嘉（2011）认为知识创新活动是技术创新的本质，新产品产生的前提是知识的创新。侯海燕（2017）提出了如何在技术创新中导入知识管理，并强调了知识管理在技术创新中的引入将影响技术创新绩效。

1.2.6 产学研与技术联盟

国外的研究主要围绕产学研合作的内涵、形式以及重要意义展开。Min-Wei Lin 等（2006）认为区域创新体系中大学、科研机构、企业和科技中介之间呈现越来越显著的利益相关性。Levy 等（2009）调查了1990—2002 年间 1000 多家欧洲企业和 Louis Pasteur 大学的合作经历，指出产学研合作的重要意义和形成途径。Bing 等（2007）调查了清华大学 2000 至 2005 年间的研发联盟情况，论证了产学研合作的良性发展循环。Poh-Kam（2007）论证了政府的适当参与会改善产学研合作关系和促进区域创新体系健康发展。Dries 等（2010）从技术层面上提出了企业、大学及科研机构加强合作、减少竞争的策略。

国内的研究主要围绕着产学研合作的重要性和形式、产业技术创新战略联盟的形成与运作以及科技中介组织应与创新主体合作的重要性等展开，对科技中介组织与企业、大学及科研机构建立战略联盟的成果比较少。刘本盛（2000）论述了产学研有机结合的模式。马家喜（2008）研究了由企业联合体模式向“产学研—集成创新模式”进行演化的过程及条件。李允尧（2010）分析了联盟动机、技术能力与企业入盟的最优策略。刘学等（2006）以中国制药产业研发联盟为对象，研究了联盟达成前的初始信任与控制战略的关系。陈隆等（2004）研究了合作技术创新对技术联盟能量效率的影响。邢乐斌等（2010）根据 Nash 谈判定理建立了产业技术创新战略联盟多人利益分配模型。刘中文等（2010）提出建立合理的技术创新战略联盟治理机制，加强技术创新战略联盟中的学习。张景安（2003）研究指出科技中介组织与各类创新主体和要素市场建立紧密联系，为科技创新活动提供重要的支撑性服务。曹洋等（2007）研究指出大学、科研院所、企业以及科技中介组织间的明确分工与密切协作是国家创新系统高效运作的前提。刘义等（2006）研究区域创新系统内各个参与者的博弈，分析了参与者共享隐性知识的可能性以及隐性知识转移。唐丽艳等（2009）分析了科技型中小企业与科技中介组织建立协同创新网络问题。

2

相关概念与理论梳理

2.1 相关概念

2.1.1 科技型中小企业

（1）科技型中小企业的界定

科技型中小企业是科技创新中活跃度最高的群体，是高新技术产业发展的重要推动力，科技型中小企业的研究具有重要现实意义，根据目前发展需要，在国家政策引导下对科技型中小企业的界定逐渐明晰。

早在2002年，我国即制定了首部扶持和促进中小企业发展的法律《中华人民共和国中小企业促进法》，将中小企业界定为在我国境内依法设立，符合产业政策，对市场需求与社会就业有积极作用且处于中小型经营规模的各种所有制和各种形式的企业。其中涉及的具体划分标准，如职工数量、销售收入、资产额度等由国务院负责企业工作的部门结合企业及其所在行业特点制定并报国务院审批。

在国家发文指导下，各省市为加强科技型中小企业的管理，推动科技产业发展，结合所在区域实际情况，就科技型中小企业的认定标准进行了进一步规定，主要从定性与定量两个角度入手。定性角度的界定趋于统一，科技型中小企业为由科技人员发起，强调创新作用，所在行业以高技术产品研发为主的中小规模企业。定量角度是对以上定性概念的进一步细化以便保证其对实际工作的指导性、可操作性，通过对细化的各个分项进行打分，最终得分达标者可以列入科技型中小企业的范畴，具体主要包括以下几个方面：行业属性，科研人员占比，研发投入占比、高技术产品收入占比，具体指标在各省市之间有所不同，如表 2－1 所示。

表 2－1　不同区域科技型中小企业认定标准

标准	所在行业及规模	技术（研发）人员占比	研发投入占比	技术性产品（服务）收入占比
国家	主要从事高新技术产品的研制、开发、生产和服务业务	职工人数≤500 人；大专以上学历科技人员/职工总数≥30%；直接从事研究开发的科技人员占职工总数≥10%	高新技术产品研究开发经费占年销售额≥3%	已有主导产品并将逐步形成批量和已形成规模化生产的企业，必有良好的经营业绩
山东	主要从事高新技术产品的研制、开发、生产和服务业务	职工人数≤500 人；大专以上学历科技人员/职工总数≥30%；直接从事研究开发的科技人员占职工总数≥10%	高新技术产品研究开发经费占年销售收入≥5%	利润率≥20%，且资产负债率≤70%
河北	工业企业：从业人员≤1000 人或营业收入≤40000 万元；科技服务业企业：从业人员≤300 人或营业收入≤10000 万元；其他行业企业：依照国家有关中小企业的划型标准	大学专科以上学历人员占职工总数≥20%	年研发投入占销售收入≥2%，并具有持续开展科技创新活动的能力	企业具有自主知识产权或专有技术或创新集成能力，且形成产品或服务

续表

标准	所在行业及规模	技术（研发）人员占比	研发投入占比	技术性产品（服务）收入占比
黑龙江	主营业务应属于高新技术企业认定或国家科技型中小企业技术创新基金申报指南支持的技术领域	具有大学专科以上学历科技人员占职工总数≥20%，其中研发人员占职工总数≥5%	研发投入占销售收入≥2%	高新技术产品（服务）收入占总收入≥30%
西藏	主要从事《西藏自治区科技型中小企业认定办法》第二条范围①内的一种或多种技术及其产品的研究、开发和生产经营业务，其技术处于区内先进水平	大专以上学历人员占职工总数≥10%；从事新技术及产品研究、开发的科技人员占职工总数≥5%（不少于5人）	用于新技术及产品的研究、开发经费占年收入≥2%	年总收入≥200万元，其中技术性产品（服务）销售收入占年收入≥50%
江苏	主要从事高新技术产品的研制、开发、生产和服务业务，对具有自主知识产权、高技术、高附加值、吸纳就业、节能降耗以及新兴产业领域的企业优先推荐	大专以上学历科技人员占职工总数≥15%	研究开发费用占年收入≥2%	企业高新技术产品或自主知识产权产品的销售收入占全年营业收入≥30%

综合各省认定标准发现，科技型中小企业的定量标准在各地区之间存在差距，这一差距体现了科技型中小企业的概念界定具有地域相对性和时间相对性特点，区域发展的水平差异与内容差异对于各地的科技型中小企业的界定都有一定影响，而且随着时间的推移与经济社会的发展，衡量高科技和企业规模的定性与定量指标将不断变化。

（2）科技型中小企业特征

与其他企业相比，科技型中小企业具有以下特征：

① 西藏自治区科技型中小企业产业导向及产品范围：可再生能源与高效节能技术及其产品；特色农牧资源的深度开发及其产品；矿产资源开发技术及其产品；环境保护技术及其产品；藏医药、生物技术及其产品；电子信息技术及其产品；新材料技术及其产品；具有自主知识产权的专利技术及其产品；民族手工业新技术及旅游业产品。

其一，科技含量高于平均水平。主要表现在所处行业、人员结构、价值创造三个方面。从所处行业来看，这类企业大多从属于国家认定的高新技术的行业，其在日常生产经营活动中与尖端技术、知识的关系更紧密。从从业人员结构来看，该类企业的员工以科技人员为主体，其中具有高学历的科技人员、研发人员的比例更是高于企业的平均水平。从价值创造的角度来看，在整个生产过程中，其研发投入占比高于其他企业，并且科技产品的附加值明显高于平均水平。

其二，规模较小，制度松散，灵活性高。科技型中小企业具有同规模企业的一般特征，由于企业在人员、资源、规模上的局限性，科技型中小企业的组织结构尚未形成固定模式，组织内部制度松散，灵活性较高，以扁平化组织结构为主，即组织层级较少，信息流速较快，组织决策效率高，具有很强的组织“柔性”。尤其是在面对市场变动时，管理权相对集中有利于管理层的快速决策，加快资源调配与产品优化的进程，提高企业的市场灵敏度与适应性。同时，跨层级以及层级内部的频繁互动与密切联系，保证了员工的创新积极性，从而为企业发展所需要的创新活动提供了根本动力。

其三，创新效率高。科技型中小企业所在行业以及组织结构特征决定了其创新效率高于一般企业，行业的科技属性决定了科技型中小企业必须以技术创新为根本推动力，同时较小的规模给予了中小企业优于大企业的创新氛围，企业制度灵活性赋予企业快速决策的条件，这使科技型中小企业针对市场变化能更高效地开发出符合消费者价值的产品。

其四，高风险、高回报。科技型中小企业所处的行业特点以及中小企业的规模限制决定了科技型中小企业较传统企业面临更高风险。首先，高科技、高竞争是大多数科技型中小企业所面临的行业现状，如电子信息类企业、生物科技类企业等，上述行业处于新兴阶段，风险高于传统行业。其次，科技型中小企业缺乏大企业所具有的稳定外部合作网络，在整个价值网络中处于资源弱势地位，并且企业内部缺少稳定的创新投入，其创新较少来自固定的 R&D 活动，更多是非正式 R&D 活动，如实验、学习、技术改进等。所以，资源少、规模小带来的企业能力限制与企业所处的高不确定性环境之间的矛盾是企业必须正视的问题，在内部资源定量的情况下企业只有积极发展外部资源，优化内外部资源的利用方式，提高创新绩效才能应对高风险。

反之，对科技型中小企业来说高风险意味着高回报。高科技产品的附加价值较高，后续产业发展态势优，成功企业将获得巨额利润。此外，高科技产品的难模仿性提高了行业壁垒，辅以完善的专利保护制度，更有利于企业优势的保持。此外，科技型中小企业的无形资产占比较高，一旦创新成功，企业获得的不仅仅是经济利润的增长，无形资产的积累将从更长远的角度给企业带来可观的绩效回报。

2.1.2 科技型中小企业技术创新

(1) 科技型中小企业技术创新的界定

科技型中小企业技术创新通过创新过程达成创新结果，两者需要综合考虑。从结果的角度看，科技型中小企业技术创新是指科技型中小企业的科技新成果（包括概念、发现、发明和其他成果）转变成全新的或改进的，能够带来经济收益的新产品或新工艺，其中产品创新主要包括现有产品的功能创新或新产品的诞生；工艺创新主要指产品的生产技术及流程的变革，重大技术创新能带来现有社会经济系统的颠覆性变革。从过程角度看，技术创新是指科技型中小企业通过采用一定的经营管理模式与生产方式，将新知识转变为新产品或新工艺，并通过市场化实现消费者价值的过程。

本文认为科技型中小企业的技术创新是通过过程创新实现结果创新，不能与技术开发等同对待，而应包括技术开发与技术应用两个环节，前者是技术进步与创新的产物，而后者则体现了技术创新的经济目的。

（2）科技型中小企业技术创新的特征

大量实践表明，技术创新为作为社会创新主体的科技型中小企业的生存发展提供了动力支撑。提高企业技术创新水平就是在打造企业核心竞争力，科技型中小企业技术创新具有以下特征：

首先，不确定性加剧。投入产出之间的滞后性导致科技型中小企业技术创新的不确定性，创新过程中投入的大量的人财物等资源与市场化结果不存在简单的正相关关系，同时复杂的外部环境会加剧这种不确定性。

其次，存在知识驱动性。受科技型中小企业发展阶段及企业规模的限制，企业有形资产对其技术创新的驱动作用有限，推动企业技术创新的重要因素是企业已有知识存量、知识结构以及与知识密切相关的认知能力，这些因素共同决定了企业对市场机遇的识别以及资源的利用效率，即科技型中小企业的技术创新具有明显的知识驱动性。

再次，具有突变效应。科技型中小企业所处行业具有“高科技含量”的特点，知识在行业内的流通以及科技型中小企业灵活的组织结构赋予科技型中小企业实现突破式创新的基本条件，使该类企业有可能实现颠覆现有行业逻辑的新产品或工艺，改变行业发展轨迹，实现企业突破式发展。

最后，重视原创优先性，在技术创新领域的竞争中，科技型中小企业如果一味采取“追随战略”，在资源优势不明显的情况下，很难实现企业持续良性发展，所以只有通过追求技术原创性才能保证科技型中小企业在一定时期内获得难以被模仿的竞争优势，同时为了保持这种优势企业需要依赖技术原创性保护与积累。

2.1.3 科技型中小企业技术创新能力

（1）科技型中小企业技术创新能力的内涵

一般认为，技术创新能力产生于技术创新过程，并最终服务于技术创新过程的能力集合，技术创新过程包括内部研发与外部市场化，因此科技型中小企业的技术创新能力是对内推动企业技术创新、对外满足市场需求的能力集合。为了凸显科技型中小企业规模小、资源有限的特点，可将科技型中小企业技术创新能力概括为帮助企业在一定成本限度内推动企业可利用资源与外部需求匹配的能力。

技术创新能力一直是企业最重要的组织资源和核心竞争力之一，技术创新能力在很大程度上决定着企业战略目标能否实现及企业目标实现的程度。这一点对于处于竞争弱势的科技型中小企业来说尤为重要，目前科技型中小企业作为技术创新的重要力量和技术成果转化的直接载体，已经成为我国必不可少的经济主体和创新实体，其技术创新能力水平的高低，对企业的生产经营活动和进一步成长发展起决定性作用。

（2）科技型中小企业技术创新能力的特征

结合科技型中小企业特征与技术创新发展规律形成了科技型中小企业技术创新能力的特征。首先，具有纵向的多样性和横向的广泛性。纵向看，技术创新过程包括了知识演进、产品研发、工艺革新、技术转移、产品市场化等多样的内容；横向看，技术创新过程涉及企业方方面面的人、财、物的调配，在组织内具有广泛的影响。

其次，科技型中小企业的原创力强。技术创新能力的强弱决定了企业生存和发展的动力，同时由于企业规模小、组织柔性强、市场嗅觉敏锐等特点，科技型中小企业具有优于其他企业的原创基因。

最后，科技型中小企业的技术创新能力具有开放性。相比一般大企业，科技型中小企业需要不断从外部环境中获取资源以满足自身发展需要，因此科技型中小企业与企业外部主体的知识转移活动更频繁，如与金融机构、资本市场、政府等主体的交互活动中伴随着大量的信息流动，这些信息经过处理后进入企业内部知识网络并产生后续影响，因此科技型中小企业技术创新能力具有可开放性。

2.2 理论梳理

2.2.1 技术创新理论

20 世纪初，熊彼特在《经济发展理论》中首次提出创新的基本概念和思想，指出“创新”是指新的生产函数的建立，即企业对生产要素的新组合，它包括五种类型：引入新产品或提供产品的新质量；采用新的生产方法；开辟新的市场；获得原料或半成品的新的供给来源；采取新的组织方式，以创新理论为基础的独特的创新经济学理论体系兴起。之后，对新古典经济学无视技术创新对经济发展的作用的批判诞生了技术创新的概念。目前国内外技术创新理论已经形成了新古典学派、新熊彼特学派、制度创新学派和国家创新系统学派四个理论流派。

（1）技术创新的新古典学派以索洛等人为代表，将技术创新过程看成一个“黑匣子”，运用新古典生产函数原理，表明经济增长率取决于资本和劳动的增长率、资本和劳动的产出弹性以及随时间变化的技术创新。

（2）新熊彼特学派以曼斯菲尔德、卡曼等人为代表，该学派坚持熊彼特学派的传统观点，强调技术创新在经济发展中的核心作用，将技术创新视为相互作用的复杂过程，重点揭示“黑箱”内部运作机制，主张发挥企业家在创新中的作用，从组织行为与市场结构的角度提出技术创新扩散、企业家创新和创新周期等模型。

（3）制度创新学派以兰斯·戴维斯和道格拉斯·诺期等人为代表，该学派从外部环境入手，把熊彼特的“创新”理论与制度学派的“制度”理论结合起来，深入研究了制度安排对国家经济增长的影响，将熊彼特的制度创新思想延伸到新深度。

（4）国家创新系统学派以克里斯托弗·弗里曼、理查德·纳尔逊等人为代表，在对日美等国家或地区的企业创新进行实证研究基础上，提出技术创新发展应归功于国家创新系统而不是企业家或企业独立行为。国家创新系统是由企业和其他组织等创新主体，通过国家制度的安排相互影响的综合体系，在该体系中资源配置不是主体独立行为而是相互作用的结果。

综上所述，技术创新的不同理论各有侧重，深刻影响着世界技术创新的实践活动。同时我们也需要注意到不同理论适用的前提条件以确保其科学性。

2.2.2 基于知识的企业理论

（1）企业知识理论

企业知识理论是在探寻企业竞争优势根源及对主流企业理论反叛的过程中产生并逐渐发展起来的一种全新的企业理论。不同于早期以资源为基础和以能力为基础的企业观点，该理论认为知识是企业竞争优势的最核心因素，利用知识工具阐释并预测企业行为。

企业知识理论从分析知识的性质开始，提出知识具有四大特性：①知识的隐含性（潜移默化性）和外显性。外显知识通过口头或书面沟通即可转移，隐含知识的转移只能通过亲身感受才能实现。②知识的积聚性。知识积聚性是知识转移的结果，同时知识存量进一步影响知识转移的效率。③知识的私用性。知识的私用程度决定了知识给其拥有者带来收益的大小。④知识的专业性。人不具备无限理性，只能通过局部专业化达到对某些领域知识的创造与积累。

企业知识理论借助知识工具重新阐释了企业存在与边界等问题，更对传统企业理论没有解释的问题进行了有效的探讨，包括企业异质性的源起、企业组织结构、内部决策权配置以及所有权分配等问题。主要观点如下：企业知识理论将企业的存在及企业边界与知识紧密联系，认为企业是生产活动所需的知识的获得、运用和积聚的有效制度，尤其是它通过提供大规模的增量学习过程使得部分生产所需的隐含知识得以积聚。企业边界则由知识及与知识运用有关的生产成本而不是交易成本决定。

此外，企业知识理论特别提出企业异质性来源于企业经营实务中积累的知识差异化。并且与有形资产形成的竞争优势容易消失不同，由于知识资产的不可模仿性或较高的模仿成本，企业之间不同的知识资产形成的竞争优势是企业长期优势的根本来源。企业内协调的重点是实现组织成员的知识一体化，即实现知识在成员之间的转移、交流与共享的一体化，而不仅仅是员工目标的一致性，达到知识一体化才能保证组织生产的有效运转。企业集权与分权的标准是决策制定与决策制定所需知识是否匹配，并将企业的所有权的核心从企业的名义所有者转向企业的知识所有者。

（2）知识管理理论

随着企业知识理论的发展成熟，该理论要求对企业如何持续地获得竞争优势做进一步的分析，探讨企业知识活动的微观机理以便用于指导企业管理，因此关于企业知识问题的研究重心开始向企业知识管理领域转移。在系统理论形成之前，知识管理作为一种潜在经验、知识或技能存在于生产实践中。20 世纪初，科学管理之父泰勒在《科学管理原理》中强调企业内部员工对规范的遵守关乎企业是否能达到大规模流水化生产的高效模式，从而将知识管理引入了一个崭新时代。到 20 世纪 60 年代，德鲁克提出了“知识工人”与“知识管理”的概念，强调土地、资金、人力等资源在社会化大生产中的作用将逐渐降低，知识的作用更为显著，从此知识管理的系统性研究开始蓬勃发展。

有关知识管理的定义很多，可从组织、行为和技术三个不同角度进行阐释。从组织角度来说，知识管理是组织管理的一部分，通过对知识资源的合理配置创造组织新价值。从行为角度来说，知识管理是与知识相关的活动组合，包括知识发现、获取、转移、传播、使用、保护等，同时也包括为组织活动创造良好环境。从技术角度来说，知识管理是以促进知识转化为目的的信息技术系统。

目前关于知识管理的研究主要有四大学派：①行为学派，该学派以瑞典卡尔·斯威比和日本野中郁次郎为代表，认为在复杂的外部动态环境中，易被识别的显性知识对知识管理的提升作用不大，因此将重点集中在隐性知识的管理上。②技术学派，与行为学派不同，该学派相信借助技术可以实现所有知识（包括显性知识与隐性知识）的积累、转化、应用、创新等一系列活动，着重强调了非结构数据对知识管理的重要性。③资产学派，综合运用哲学、经济、会计、审计等人文社会科学从资本角度诠释了知识管理的定义和流程，指出知识具有经济价值并且不能由其他资源替代。④战略学派，将知识作为战略能力的重要组成部分，在基础资源（包括人财物）充足的情况下，探讨如何将具有催化作用的知识融入其中，实现资源利用的效益最大化。上述四个学派在指导具体的知识管理实践活动中，并非独立或对立关系，而是辩证统一、各有侧重。

（3）知识创造理论

企业作为知识的集合，其当前的技术创新能力取决于企业对存量知识的排列组合行为，而企业未来的资源配置行为则由企业当前的知识结构决定，随着创新作为企业发展重要基础的观点得到肯定，从知识视角对企业技术创新进行研究的方向逐渐确立。以野中郁次郎为代表建立的组织知识创造理论认为，知识为合理的真实信念和实际获得的技巧，知识分为显性知识和隐性知识。显性知识是能够用通用语言或符号系统地表达并传播的知识，包括数据、公示、文字等形式。隐性知识高度私人化，是难以显性表达的知识形态。存在于这两种知识类型之间的对话，是知识创新的基础。在此基础上知识创造理论提出了知识创造螺旋模型即SECI模型，将知识创新过程分解为一个显隐性知识之间相互转化并螺旋上升的循环过程，包括从隐性知识到隐性知识、隐性知识到显性知识、显性知识到显性知识、显性知识到隐性知识，再从隐性知识到显性知识的循环。如图2-1所示，知识演化和创新的SECI模型包括知识转化的四种模式：社会化模式（Socialization）指隐性知识向隐性知识的转化，外在化模式（Externalization）指隐性知识向显性知识的转化，组合化模式（Combination）指显性知识向显性知识转化，内隐化模式（Internalization）指显性知识向隐性知识转化。

不同模式下的知识转化依托于不同的场所或平台，在知识创造理论中被称为"场"。具体来说就是知识转化发生的背景环境，体现了组织、环境、个人两两之间的相互作用。SECI模型中的每个阶段对应一种类型的背景"场"，整个知识创造模型各阶段通过"场"实现一体化。"创意场"（Originating Ba）对应知识社会化，是组织成员交流和分项技能、经验、认知的环境；"规范化场"（Interacting Ba）对应知识外在化，是组织成员的个人知识、技能、经验和认知转化为组织的公共知识和概念的环境；"系统场"（Cyber Ba）对应知识组合化，是组织对显性知识进行分类和系统化管理的环境；"演练场"（Exercising Ba）对应知识内隐化，是通过实践、训练和探索，不断进行自我学习和完善的环境。

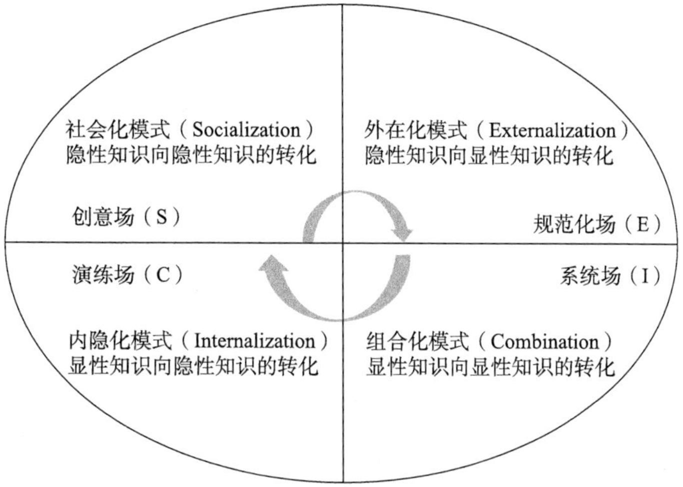

图 2－1　SECI 模型和“场”示意图

SECI 模型中各环节的主体主要包括个人、团队以及组织三层次，各主体通过自我飞跃实现循环上升的螺旋，但该模型存在一些缺陷，在实际应用中各研究者对其进行了有针对性的改进。

2.2.3　灰色系统理论

客观世界的复杂性决定了很多事物不是非黑（信息完全不明确）即白（信息完全明确）的存在，而是以一种介于黑白之间的“灰色系统”存在。灰色系统理论由郑聚龙教授最早提出，是一种专门研究“少数量、贫信息不确定性问题”的方法。灰色系统理论涉及的研究对象的不确定性主要表现在，样本较小，信息缺乏并且已知信息中只有部分明确。该理论摆脱了传统的纯粹定性的研究方法，把规律不明显的问题具体化、数量化，通过对有限明确信息的挖掘开发实现对系统行为模式与演化规律的正确描述和监控。目前灰色系统理论的理论水平和应用层次都得到了很大发展，主要内容包括：灰色代数系统、灰色矩阵理论、灰色方程理论等基础理论；灰色序列及其生成方法、灰色关联及测量方法、灰色模型（GM）及其参数估计等基本方法；灰色分析、灰色评估、灰色预测、灰色决策、灰色优化、灰色控制、灰色规划等应用技术。

灰色系统理论的基本观点有：①系统是否出现信息不完全的情况取决于主体认识的层次，系统越高不确定性信息越少，要充分利用上层已知的信息去揭示下层系统的规律，灰色系统理论将视野聚焦在较高层次系统中进行信息破解。②不应把事物看作“黑匣子”，灰色系统理论主张通过系统内部结构的剖析研究系统。③现实系统所处外部环境的复杂性、随机性给系统分析带来了障碍，但灰色系统理论将随机量作为灰色量，采用灰色数、灰色方程、灰色矩阵、灰色群等全新方法发现其中的规律，反映事物本质。

此外，人们对综合评价对象的认识也具有灰色性，所以可以借助于灰色系统的相关理论来研究综合评价问题。尤其是主观指标评价问题，如产品的满意度评估、人才质量评估、学术成果评估等，这类评价问题的评价指标涉及大量的主观指标即定性指标或软指标，并且相关指标具有多层次性和复杂性，对于这类问题的评价完全依靠评价者的已有知识、认知水平和个人偏好，难以彻底剥离主观偏差，使得评价者在评价中提供的评价信息不确切、不完全，呈现出灰色性，因此这类评价问题运用灰色理论进行评价具有很好的实用效果。

3

企业视角的管理创新分析

企业管理创新是企业在面临特定的经济社会环境时，对自身的管理目标设定进行修正，对经济管理的方式和内容进行调整，发现更能够体现社会要求的管理制度的创造性活动。由于我国长期实行计划经济，社会生产力水平在地域上和行业上又呈现出一种不平衡的特点，我国的企业管理创新活动具有渐进性、自发性和多元化等特征。这是我国经济社会发展过程当中所孕育出的企业管理转变过程的内在特质，也是我国企业管理创新机制作用的结果。

3.1　我国企业管理创新的特征分析

我国的企业管理创新具有鲜明的特征，不同地区的管理模式具有相当大的差别，而国家和企业自身在企业管理创新当中发挥的作用也处于一种磨合的过程。就总体而言，我国的企业管理创新活动在不同的地区和行业之间具有较大的差别，不同所有制企业的创新过程也大相径庭，但是以市场为导向的改革创新方向始终没有发生变化。

3.1.1 我国的企业管理创新具有渐发性特征

渐进改革和渐进创新是我国经济社会变革发展的一个重要特点。在宏观经济层面，从完全的计划经济到社会主义市场经济体制中间经历了一段相当长的时间，而微观层面的企业管理创新也具有这样的内在特质。

我国的企业管理创新是伴随着经济社会的渐进性转型而进行的。我国的企业管理制度经历了放权让利、承包制、利税改革和最终的产权改革等阶段。在改革开放和整个社会经济转型的初期，国家在宏观上提出了有计划的商品经济的概念。承认企业是独立的商品生产者，否定超前的产品经济理论是这一时期经济社会改革的重心。与此相适应，我国的企业管理制度开始由高度集中的计划经济管理模式向独立自主、自负盈亏的管理模式进行转变。但是在这一时期，企业拥有的经营权依旧相对较小，伴随着市场因素的不断孕育和人们的思想认识的逐步转变，价格机制逐步成为社会经济转型和改革的核心问题，如何将价格由国家统一核算的产品价值转变成受到供求波动影响的资源配置信号，是当时的中国经济改革的核心问题，与之相适应，价格机制也逐步地转变着企业的管理模式，以市场为导向，以成本收益机制为核心，以利润最大化为目标成为企业管理的新趋势。这一时期，为了能够引导企业建立起一种真正的市场化行为模式，我国开始尝试承包制和利改税的改革措施。这些措施的核心目的是希望成本收益机制和价格机制能够影响企业决策，使企业充满活力。这种带有市场社会主义理念的经营方式在我国曾经长期实施过，并给我国经济社会的转型带来一定的促进作用。截至目前，我国的企业管理转型工作和创新工作是以企业的产权改革为一个历史性阶段成果的。建立起现代产权制度，以产权关系作为资源配置的有力工具是这一改革的核心目标。

3.1.2　我国企业管理制度创新的形式具有多元化特征

企业管理制度改革和创新在总体上应当服从市场经济改革的总体目标，但是在不同所有制、不同行业和不同地区的企业，企业管理创新的形式应当具有不同的特征。这种管理创新形式的多元化，是我国经济社会展朝着多元化和多样化的方向前进的一个体现。

（1）不同所有制的企业在管理制度创新方面具有不同的特质

大中型国有企业在改革创新过程当中往往侧重于处理好所有者和经营者之间的关系，加强所有者的监督力量，防止产权虚置现象的出现是我国国有企业的创新目标。公有产权在权利人方面具有分散性，公有制企业也具有产权上的不可分性。在这一背景下，产权虚置的问题就容易发生。所有者在企业经营管理决策当中缺位，经营者凭借经营权和信息的不对称优势，逐步地将企业转变为一种内部人控制的模式，这些问题是公有制企业所要解决的主要问题。而民营企业在经营管理的过程中，往往倾向于借助家族力量进行运营，家族式企业本身蕴藏着权责不清的可能，有限责任制度难以确立，管理也难以做到科学化，这就给众多民营企业造成了管理紊乱和效益低下的祸根。中国是一个具有漫长封建社会历史的国家，封建时代所遗留下来的宗法制影响给中国的企业管理带来了裙带关系横行的问题，但是家族势力又是中国众多中小企业发展过程当中必须依赖的重要力量。因此，在适应我国社会结构的前提下，以市场为导向进行改革是我国家族制企业管理创新的一个重要方向。

（2）企业由于自身的生产规模和技术结构，也具有管理创新方面的差异总体而言，资本密集型企业往往以财务管理为企业管理的重心，通过提高资本的收益率，降低投资的风险来实现企业管理制度的变革。而劳动力密集型企业往往倾向于通过规范化的员工管理制度和劳动雇佣制度，以法制化和规范化的员工管理雇佣手段作为企业管理创新的突破口和出发点。技术密集型企业和金融业往往侧重于引进国外先进技术手段，以现代化的电子商务平台作为降低自身的投资风险和成本的手段。不同行业的企业在丰裕要素方面具有差别，为了降低密集度大的要素的成本，企业应当努力地实现相关要素的优化管理。因此，不同行业在自身的成本结构的基础之上会形成与之相适应的管理创新重点。

（3）产业结构的差别带来企业的生产工艺和资本等巨大差别

面对不同的产品所带来的市场环境和市场结构的差别，不同的企业对自身的价格和产品组合的选择也会有一定的差别，这些差别最终会导致企业的管理方法和管理目标存在巨大的差别。一般而言，生产工艺比较复杂的企业，往往对技术创新的奖励比较重视，而充分竞争市场结构之下的企业，往往会根据自身的市场收益情况，努力地实现成本的节约。

从上述分析可以看出，我国企业管理创新活动具有多元化的特征。不同的所有制、不同的行业乃至不同的市场环境之下，企业的管理革新的目标和侧重点也都是不同的。

3.1.3 企业管理创新具有很明显的自发性的特色

所谓自发性指以个体的需要为导向，行为在一定程度上同特定时期的国家政策和法律并不完全吻合的一种特征。企业管理模式的创新和变革，正是我国单个企业不断对相对陈旧的国家法律和政策进行突破的过程，这在改革开放的过程当中表现得更为明显。先有改革实践，再有改革的方向和政策是对我国企业管理创新的自发性特征的最好表述。改革开放之初，我国的社会经济体制调整的方向并不明确，经典的苏联式社会主义计划管理模式及东欧国家在经济改革当中实践的市场社会主义模式和市场经济模式，都曾经被我国的学术界所讨论。在这种改革方向并不明确，发展道路处于探索阶段的情况下，我国的企业管理模式的创新和企业管理人员对陈旧的教条的突破具有很大的关系。总体而言，当时的企业管理模式创新主要按照逐步脱离国家的直接行政控制，以价格和利润为杠杆进行经营的方向进行。在企业作为独立的商品生产者的概念没有完全建立的条件下，重视利润和价格，重视市场的供求规律而不是上级的行政指令，对于很多厂商而言是具有较大的挑战性的。在政企分开没有完全落实的情况下，每进行一次对原有体制的突破，都可能给改革的推动者带来直接的影响。以承包制为例，最初进行承包的企业往往都要面临着巨大的外在压力，企业的管理人员也要面临改革失败的风险。但是承包制所带来的企业活力和经济效益的提高最终得到认可，国家最终也将承包制作为一种行之有效的改革措施在全国加以推广，并取得较好的效果。在这一背景下，改革的实践往往最终通过良好的成果为上级所认可，国家的相关政策也是在这种逐步改革过程中被完善和修正。在改革过程中体现出的企业和管理经营人员的首创精神和主观能动性，是我国企业管理制度创新的内在特色。

3.2 我国企业管理创新的动力机制

企业作为以利润最大化目标为运营目的的经济组织，其管理制度的改革和创新应当首先考虑利润因素，但是在我国的改革过程中，企业管理创新的动力机制相对复杂。这与我国经历着从计划经济体制向市场经济体制的艰难转型的总体背景是紧密相连的。我国的企业管理创新的动力机制主要包括政府的公共选择机制和企业的微观决策机制两个基本部分。

3.2.1 政府的理性选择是企业管理创新的重要外在动力

我国的企业管理模式改革事实上和国家行政力量的不断推动是紧密相关的。而政府推动企业管理机制变革的根本原因是政府的理性选择，政府需要不断地筹措资金维持公共产品的供给，而改革开放之初的国有企业为政府提供了大量的财政负担，民营企业的发展状况也直接影响到地方政府的效用函数。

（1）政府的行政开支需要是政府不断推动企业体制创新和改革的内在动力。在公共选择理论的视角之下，政府事实上正是公共产品的提供者。在财政学理论当中被广为接受的瓦格纳法则更是直接揭示了伴随着社会生产力的不断提高，政府的财政支出压力就会不断增大，并且这种财政支出压力的提高速度会快于国民生产总值的增长速度。在这一背景之下，政府希望能够引导企业实现良性发展，以获得更为充足的财政收入。我国所建设的社会主义市场经济体制事实上非常强调国家对经济的干预能力，而财政在经济发展当中所发挥的自动稳定器的作用，正是市场经济体制稳定运行所必要的外在条件。在经济下行压力加大的情况下，通过福利和社会保障支出的增加，国家财政支出对宏观经济增长的拉动作用，事实上正是推动政府用行政力量对企业的发展进行指引的直接动力。

（2）在我国的改革开放的过程中，大量国有企业事实上因自身的亏损和经营不善为政府的财政支出带来巨大的压力，成为国家的巨大负担。根据匈牙利经济学家雅诺什·科尔内的《短缺经济学》所揭示的理论，国有企业往往希望通过与政府的紧密联系实现预算约束的最大化，这就形成了比较严重的扩张冲动。在价格机制已经引入经济体系的情况下，这将导致投资过热，企业难以实现规模经济，并最终造成非常严重的结构性通货膨胀，企业的利润水平也相对较低，甚至出现大面积亏损。大量亏损的国有企业使国家财政资金的相当大部分被企业所消耗掉。而企业所提供的税收并不能够满足国家的财政收入的需要，因此，国家在此背景之下往往会倾向于进行企业管理模式的创新和改革。

（3）由于我国的个体私营经济逐步成为社会主义市场经济中非常重要的组成部分，也成为国家财政收入的重要来源。国家对个体私营企业的管理状况的关注程度也必将显著提高。将大量的企业管理人员纳入到党校教学的对象当中来正是基于这样的根源。由于我国处于转型阶段，大量的中小民营企业产生于我国长期处于短缺状态的背景之下。这种背景之下，大量民营企业生产一些质量要求相对较低的产品，大量的从业者也都出身于社会底层，缺乏必要的知识积累和素养，这最终导致我国的大量民营企业家给整个社会以一种素质低下的印象。为了能够减少企业经营决策失误带来的社会经济的损失，引导企业管理人员掌握一定的经济管理知识就成为重中之重。

（4）通过管理创新所带来的经济增长对于各级政府的行政首长而言也具有重要意义。在我国的领导干部考核任命体制当中，通过地方经济增长速度的快慢评价一个领导干部施政的成果，已经成为我国行政管理体制当中的一项重要内容。在此背景之下，各级官员为了能够获得行政职务方面的提升，纷纷鼓励和支持辖区内的企业的发展，实现科学管理对于这些企业而言能够成为一个重要的突破口，这就成为政府推动企业管理创新的重要内在需要。

3.2.2 适应市场环境是管理创新的内在条件

伴随着社会主义市场经济的不断发展，我国的大量产业已经开始出现一种厂商市场力量消失、产品高度替代、厂商赢利能力不断下降的内在问题。在产业升级换代依旧处于推进过程当中的客观背景之下，控制自身的产品成本以实现利润最大化的目标，已经成为众多企业维持生存的法则。而一些企业也已经尝试开始发掘新的产业，努力抢占市场，凭借新兴市场产品差异化水平较大，对产品价格的控制能力较高的特点，发掘自己的利润增长点。这些企业往往侧重加强技术管理和创新，甚至以改变股权结构，将知识成果作为一种生产要素融合到所有权改制过程当中，对技术要素的产权加以充分的重视和肯定。但是不同的管理创新模式并不是绝对的互相区别的。同一企业往往在侧重于进行某一方面的管理制度创新的同时兼顾其他管理环节，最终使企业得到发展。以新产品的推广为例，通过新技术的开发所形成的新产品，在能够给企业带来较好的价格控制能力的同时，并不能保证企业能够具有较高的利润，因为市场势力并不等同于成本优势。成本优势仅仅是市场势力的一个充分条件而不是必要条件。在这一背景之下，厂商也会控制自身的成本，在成本控制方面加强创新，以实现利润最大化的目标。而一些以成本控制为管理创新中心的企业，也必然面临着产品创新的压力。熊彼特的商业周期理论当中强调的产品生产技术没有革新的问题，最终会导致整个行业出现严重衰退问题的论断，事实上就揭示了企业管理制度变革的内在要求，逐步侧重产品的研发管理正是这一问题的解决策略。

4

企业视角的技术创新分析

4.1 知识管理视角下科技型中小企业技术创新能力结构分析

基于过程视角，本章节将对科技型中小企业技术创新能力结构进行分析，首先对现有知识创造螺旋模型进行改进，然后在改进模型基础上构建科技型中小企业技术创新过程模型，基于该过程模型对科技型中小企业技术创新能力结构进行分析，提出科技型中小企业技术创新能力包括知识创造能力、创意实现能力、创新推广能力三大过程能力及体现创新环境作用的协调推进能力，分析过程如图 4 – 1 所示。

4.2 知识创造螺旋模型改进

4.2.1 知识创造螺旋模型及其局限性分析

根据企业知识理论，知识是技术创新能力的根源，技术创新能力通过现有知识的整理和新知识的发现形成，遵循知识吸收与创造的演进规律。经常获取新知识已经成为创新成功的关键因素之一。科技型中小企

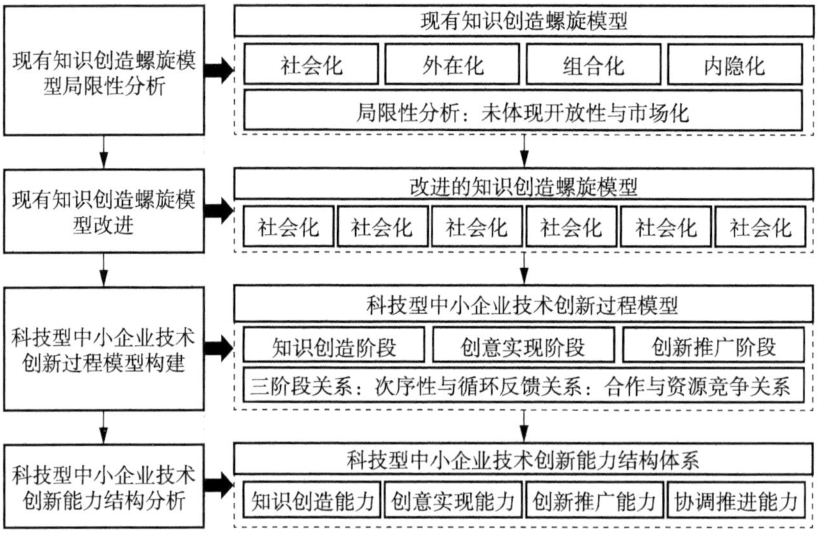

图 4－1 科技型中小企业技术创新能力的分析过程

业要想实现可持续性发展离不开自身知识的创造，但目前对知识创造“黑箱”的研究成果较少，缺少对知识创造的影响因素与构成要素的区分，没有体现知识创造在整个技术创新过程中的应有作用，针对上述问题，本文将从知识管理视角对科技型中小企业的技术创新能力进行分析。

知识创造螺旋模型作为知识演化与创新的经典模型，如图 4－2 所示，将组织中的知识创造视为隐性知识与显性知识持续转化的过程，在企业内部“场”中，企业通过社会化、外在化、组合化、内隐化之间的交互运作，在不断循环中实现知识的积累与创新，完成知识创造、修正与更新的良性循环，呈现螺旋上升的形式。同时，该模型指出知识螺旋的形成离不开与周围环境的互动，并将“场”的概念引入其中，在描述知识形态转化的同时，将知识在个人、团队、组织不同层次之间的转移路径表现出来。有研究者指出，一个企业提高组织运行效率的能力取决于其保持四种知识转换过程持续运转的能力。因此借助知识创造螺旋模型对技术创新问题进行分析具有理论必要性与可行性。

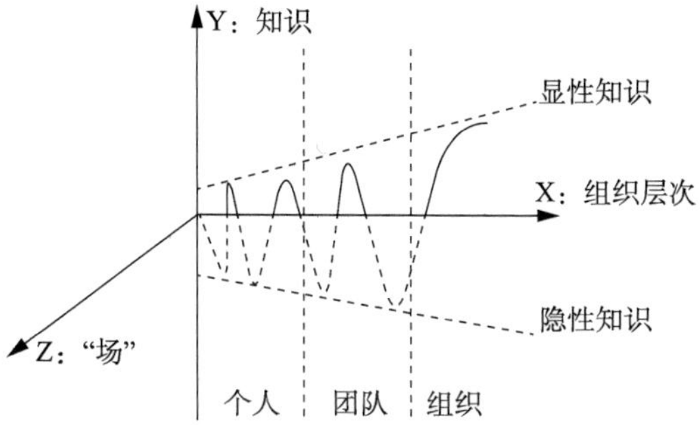

图 4－2 现有的知识创造螺旋模型的三层次示意图

知识创造螺旋模型及其"场"理论是对知识创造过程最为深入、透彻的分析。在该模型中完整描述了知识创造的整个过程，以私人化隐性知识为起点，经过社会化、外在化、组合化过程之后，最终内化为组织其他成员的隐性知识。此外，研究者进行了大量的实证研究，结果表明可以通过评价企业在四种知识转化模式上所做的努力衡量企业在知识管理上达到的水平。因此利用知识创造螺旋模型剖析技术创新过程中涉及的知识创造阶段具有很强的科学性，但结合科技型中小企业技术创新的实际情况，此模型在实际应用中尚存在一定局限性。

首先，现有知识创造螺旋模型未体现科技型中小企业技术创新的开放性特征。"开放性"是指组织与组织外部环境的交互作用，传统知识创造螺旋模型重视企业内部"场"，着重描述了企业组织内部的知识演化与创造过程，即"场"的概念主要包含企业内部的个人、团队、组织三个层次，忽视了企业外部主体如政府、研究机构、其他企业等对其技术创新的影响。通过对科技型中小企业的特征分析可知，科技型中小企业是一个开放式的创新主体，其技术创新的整个流程离不开内外部环境之间的交互，包括内外部主体之间有形资源（如资金）与无形资源（如信息）的互动，所以现有知识创造螺旋模型没有考虑科技型中小企业技术创新过程中内外部环境的互动及其对知识创新的影响，忽视了科技型中小企业面向市场的灵活性，具有一定局限性。

其次，传统知识创造螺旋模型的四大阶段与技术创新过程不能完全对应。传统知识创造螺旋模型以企业内部知识内化为组织内所有成员的隐性知识为一次循环的终点，而技术创新过程以企业外部商品或者服务实现市场化为终点。目前对技术创新的界定已经达成共识，认为科技型中小企业技术创新过程包含技术开发及后续市场化两大阶段，未经市场化的新知识或新技术的产生不能视为技术创新的终点，创新市场化的完成才是技术创新的完整终点。传统的知识创造螺旋模型只说明了知识演化和创新的四个阶段，未能解释创意实现后产品的市场化阶段中知识的演化过程，相应地，也没有体现这些阶段与知识创造阶段之间的相互作用。

4.2.2 知识创造螺旋模型改进

针对知识创造螺旋模型的局限性，对现有模型进行两方面的改进。首先，为了解决现有模型开放性不足的问题，在现有模型“场”的基础上增加“外部场”（Outsourcing Ba）以体现外部环境对企业内部知识创造的渗透作用，如图4－3所示。为了区分企业内外部环境，将企业从内外部环境获取知识的边际成本与边际效用相等的界线称为“企业知识边界”，能维持企业从外部获取知识的边际效益大于边际成本的外部环境视为企业的“外部场”，通过增加“外部场”，将知识螺旋由“个人、团队、组织”三层次之间的循环扩展为“个人、团队、组织、外部主体”四层次之间的循环，综合考虑内部、外部环境，各主体与整个知识演进与创造过程之间的相互作用，使新的知识创造螺旋模型具有更好的开放性、主体多元性。

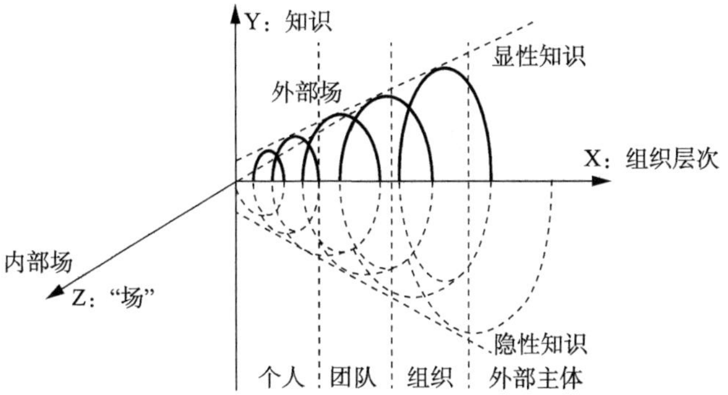

图 4－3　改进知识创造螺旋模型的“外部场”与四层次示意图

其次，传统知识创造螺旋模型以企业内部的知识创造为核心，在增加了“外部场”以后，原有的知识螺旋由企业内部延伸到企业外部，必然需要研究知识在企业内外部之间的转化模式，因此在原有的“社会化”（Socialization）、“外在化”（Externalization）、“组合化”（Combination）、“内隐化”（Internalization）四阶段模型的基础上增加了“汇聚化”（Condensation）与“甩出化”（Centrifugation）两个阶段，如图 4－4 所示。

根据知识是否具有脱离企业进入“外部场”的倾向或是否带有明确的研发目的可以将企业内部知识标识为“有意识知识”与“无意识知识”，原有知识创造螺旋模型四阶段中的知识主要在企业内部的个人、团队、组织之间实现转化，目的是提高组织的整体知识势能，多属

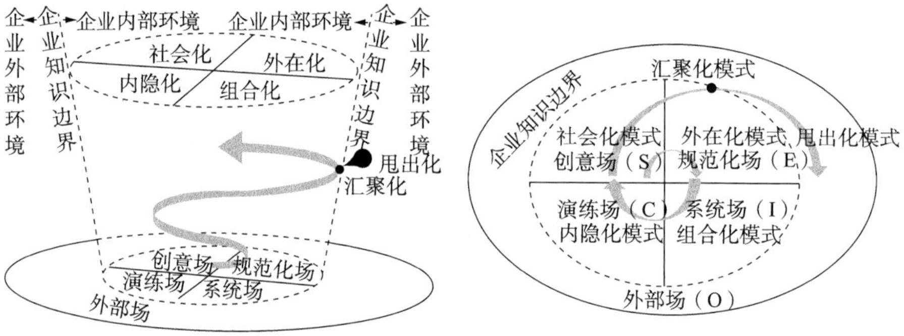

改进知识创造螺旋模型立体图　　改进知识创造螺旋模型平面图

图 4－4　改进知识创造螺旋模型立体及平面示意图

于“无意识知识”，与之相对应的是“汇聚化”阶段，该阶段是企业内部知识由“无意识知识”向“有意识知识”转化的过程，主要表现在以满足某个市场需要为目的的“创意需求”产生，然后非结构化且无序的知识在“创意需求”的指导下进行有序组合，形成创新所需的结构化的“创意素材”。最终，“汇聚化”阶段的“创意需求”通过“创意素材”的逐步积累形成多个初步创意方案。接下来是“甩出化”阶段，该阶段是指“汇聚化”阶段形成的“有意识知识”最终以产品或服务为载体，脱离企业，向企业外部环境转移的过程，该过程受到组织内外部主体的共同影响。值得注意的是，以上过程普遍存在于企业活动中，但是知识的跳跃性与突变性决定了并不是每一次知识转化都能完整地包括所有阶段。

综上所述，通过在原有模型基础上增加“汇聚化”“甩出化”两个阶段，新的知识创造螺旋模型可以用来表现技术创新的市场化过程中的知识形态转化，使知识创造与演进过程与整个技术创新过程相对应。

4.3 科技型中小企业技术创新过程模型构建

4.3.1 科技型中小企业技术创新过程模型系统描述

根据科技型中小企业技术创新过程与改进知识创造螺旋模型的六阶段及“场”理论的对应分析，构建科技型中小企业技术创新过程模型，如图4－5所示。

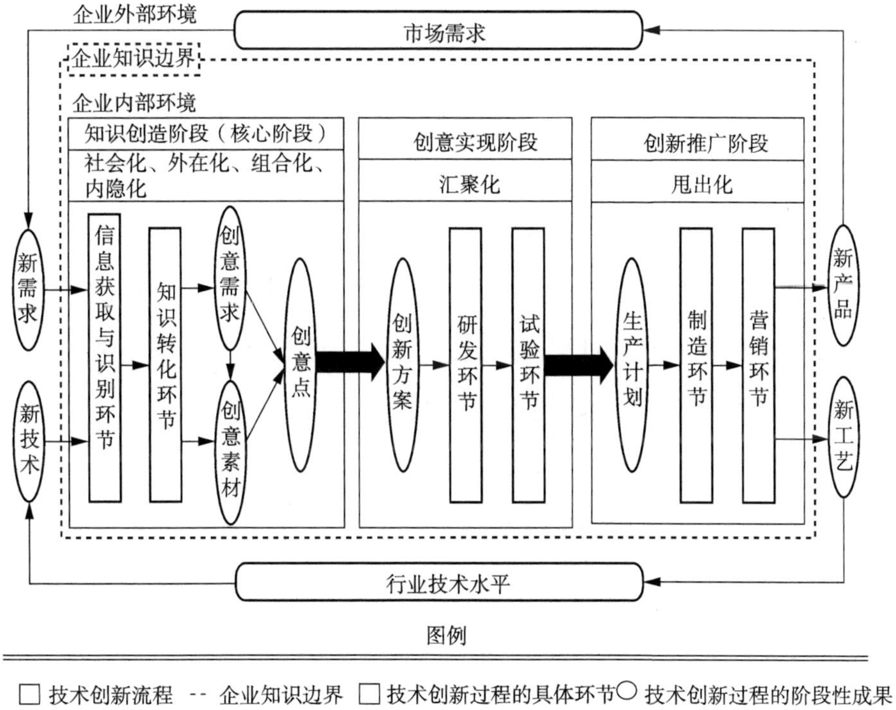

图4－5　科技型中小企业技术创新过程三阶段模型

首先，根据科技型中小企业技术创新过程中知识形态转化模式与改进知识创造螺旋模型六阶段的对应关系构建以“知识创造阶段”为核心的科技型中小企业技术创新过程三阶段模型，三阶段分别为“知识创造阶段”“创意实现阶段”与“创新推广阶段”。“知识创造阶段”是企业从外部获取并识别知识，并随着知识在企业个人、团队、组织之间的转化，提取出指导企业创新的创意需求并积累创意素材，形成初步创意点的过程，该阶段的知识形态变化对应改进知识创造螺旋模型的“社会化”“外在化”“组合化”与“内隐化”四阶段。“创意实现阶段”是企业依据知识创造阶段形成的创意需求与创意素材，在创意点的基础上进一步完善获得具有可操作性的创新方案，并对该方案进行具体的研发与样品试验的过程，该阶段的知识具有明确的市场导向性，对应改进知识创造螺旋模型的“汇聚化”阶段。“创新推广阶段”是在创意实现阶段形成成熟的产品工艺之后，根据企业内部资源与外部市场环境制订生产计划，进入制造环节，最后通过营销进入市场的过程，该阶段的知识主要以具体的产品或工艺为载体，对应改进知识创造螺旋模型的“甩出化”阶段。整个技术创新过程模型贯穿着知识的创新与积累，是一个双向循环的动态过程，知识创新为整个技术创新过程提供了原动力，知识积累保证了技术创新的持续性。

其次，可以根据改进知识创造螺旋模型的“场”理论对科技型中小企业技术创新过程中的主体及创新环境进行分析。改进知识创造螺旋模型引入了“企业知识边界”与“外部场”的概念，将跨越“个人、团队、组织”三层次的知识创造螺旋模型扩展为跨越“个人、团队、组织、外部主体”的四层次模型。据此，科技型中小企业的技术创新环境可以分为企业内部环境与外部环境，企业内部环境的主体是“个人、团队、组织”，外部环境的主体是“包括政府、科研机构、其他企业、消费者在内的企业外部的利益相关者”。“个人、团队、组织”是科技型中小企业直接进行技术创新的主体力量，各层次内部与各层次之间均存在知识转化，通过不同主体之间的显隐性知识转移，企业实现了内部知识的利用与创造，因此知识创造是一个能动的过程，内部人员的主观能动性直接决定了技术创新的效率与效果。“企业外部的利益相关者”构成了企业的外部动态环境（包括知识网络），具有高风险性、强竞争性的特点，外部环境的复杂性决定了科技型中小企业只有通过持续的技术创新才能在行业中实现良性健康发展，决定了企业的战略发展方向，进而影响科技型中小企业的资源配置方法。

4.3.2　科技型中小企业技术创新过程模型的主要特征

在行业属性及企业规模影响下，科技型中小企业发展的主要矛盾是企业资源有限与创新活力较强之间的矛盾，在这一矛盾影响下其技术创新过程呈现出不同于其他企业的一些特征，主要表现在开放性、积累性与滞后性三个方面。

（1）开放性

为了突破企业发展的资源限制，科技型中小企业的技术创新过程必须积极寻求外部资源支持，体现了开放性特征。除了物质资源的获取，科技型中小企业技术创新过程的开放性更体现在知识资源的获取上，一方面科技型中小企业在技术创新过程中的知识获取离不开外部市场。根据创新的强度，有研究者将科技技术创新分为渐进性创新（Incremental innovation）与突破性创新（Radical innovation），具有资源优势的成熟的大企业倾向于选择渐进式创新，对现有技术进行更新改造，风险较小。而新企业常常需要依靠突破才能打开市场，所以组织结构灵活、创新积极性较强的中小企业成为突破式技术创新的重要发起者。两者对于知识的需求不同，大企业的渐进式创新多依靠企业内部的知识存量，而突破式创新强调脱离现有技术轨道，发现市场新机遇。科技型中小企业知识积累不足的劣势恰恰成为其突破式创新的驱动因素，推动其广泛获取外部知识并与内部知识重新整合进而产生新知识，形成突破式创新的知识基础。另一方面，企业内部知识转移受到外部环境影响，可以说企业应对外部市场变化的灵敏度影响其创新的成功率，高科技企业所处行业风险高、知识更新速度快，科技型中小企业规模小，抵御风险的能力弱，所以科技型中小企业要想实现持续发展必须对外保持开放性，发挥其组织结构简单、沟通效率较高的优势，提高市场敏锐度与决策灵活度，降低其创新的风险。

（2）积累性

在科技型中小企业技术创新过程中，知识既包括知识存量又包括知识结构，两者构成企业未来可持续发展的重要基础。首先，知识属于非消耗品，组织中知识通过在不同知识载体之间的转换实现创造与积累。在科技型中小企业整个技术创新过程中，知识积累两个途径：根据知识积累过程是否具有明确的目的性，可以将知识积累分成显性过程与隐性过程。显性知识积累过程是在企业某个创意需求的指导下，各主体主动寻求该创意所需要的知识并进行结构化处理，积累创意素材的过程。隐性知识积累过程是在日常工作中进行的知识转化和积累过程，如潜移默化、互帮互助作用。该过程没有明确的目标指引，取决于组织文化、员工素质以及员工之间的关系，属于企业竞争的软实力。对科技型中小企业灵活的组织结构来说，隐性知识积累过程是其区别于大企业，保持创新活力的重要原因，决定了企业显性知识积累过程的知识起点，而显性知识积累过程则会加速企业的知识积累，并且其结果会直接影响企业知识存量与结构。

（3）滞后性

研究投入—产出是探讨“黑箱”问题的传统思路，但是该思路对技术创新能力而言具有局限性，因为技术创新的投入与产出之间存在时滞效应，当前阶段的投入不能及时反映在当前阶段的成果中，当前阶段的成果受到前期多个阶段投入的影响，这种滞后效应在资源有限且缺乏稳定投入的科技型中小企业的技术创新过程中表现得尤为明显。所以对于科技型中小企业来说，其技术创新能力更多表现为一种创新潜力，其技术创新水平的高低往往通过技术创新过程中各主体采取的行为得到反映，从物资投入产出的角度看技术创新过程所能反映的信息量较少，对企业发展的实际指导意义较差。

4.3.3 科技型中小企业技术创新过程模型详细阐述

（1）知识创造阶段

知识创造阶段是整个技术创新过程的起点，根据知识创造的螺旋模型可知，知识创造阶段是科技型中小企业技术创新过程的核心阶段，关系到企业技术创新整体进行方向，直接决定了企业技术创新的水平。如图 4 -6 所示，知识创造阶段包括了科技型中小企业技术创新流程中的信息获取与识别、知识转化、创意需求形成或创意素材的积累、创意点形成等环节。具体来讲，知识创造始于企业对外部信息的获取，然后知识从信息中被识别出来，通过社会化、外在化、组合化、内隐化的知识螺旋循环过程实现在不同知识主体之间的转化，完成知识的创造与积累，员工从中识别出有价值的市场需求并据此产生企业的创意需求，根据创意需求指导企业创新素材的搜集整理，在此基础上鼓励员工集思广益，形成多个初步创新方案即创意点。

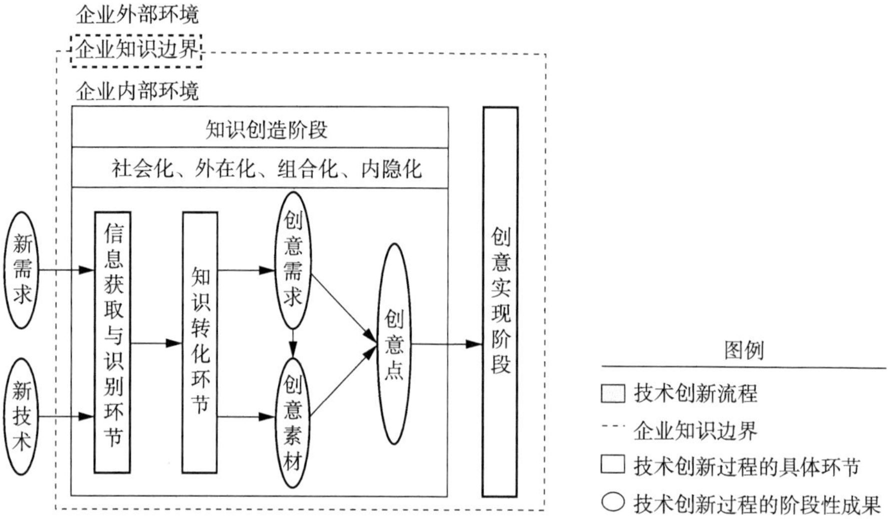

图 4－6　科技型中小企业技术创新过程模型之知识创造阶段示意图

通过人员识别、吸收的知识属于员工个人的隐性知识，知识只有通过由个人向组织的扩散才能实现企业知识存量的升级，增加企业的知识资产。这一过程即知识螺旋理论的社会化、外在化、组合化与内隐化的环节，但是不同知识主体之间的知识位势差距决定了知识不会主动在组织内部流动，需要推动知识转化的动力。这一动力一方面来自企业目标的有形引导，即企业想要满足某种市场需求的动机对员工行为的引导作用，另一方面来自企业长期的组织制度、企业文化形成的无形推动力，在此情况下，良好的企业创新氛围帮助塑造了员工进行知识分享的自觉性，在无明确目标引导的情况下，企业仍然在进行知识创造与积累，提高了企业的整体知识位势，让企业具有更持续的市场竞争力。此外，员工素质的普遍水平、员工之间的素质差异以及管理者的管理水平都直接或间接地影响了知识转化的效果。

企业从外部获取的信息中包含的知识量远远大于最后输出的创新

方案代表的知识量，主要因为从外部获取的信息中提炼的知识具有广泛性，在知识创造阶段获取的大量知识以没有明确研发目的的知识为主，企业通常是在无目的的信息获取过程中识别或分析出用户的需求、技术的缺陷，从而发现创新机遇，形成企业的“创新需求”，进而引发企业的技术创新过程，并在此需求指导下进一步进行有意识的信息获取，此阶段不断往复进行，形成企业的“创新素材”的积累，尤其在以创新意识活跃的科技型中小企业为主体的社会网络中，信息的流动更加频繁，信息更新升级周期更短。知识创造的最后环节是在创意需求形成与创意素材积累之上形成创意点，该环节存在的前提是企业在知识创造的前两环节中识别或产生了明确的创新需求，为了满足这些需求，通过员工的“头脑风暴”往往会产生很多不成熟的方案即创意点，此时对创意点的数量要求远大于质量，以便为后续创新方案提供多样化的备选。

（2）创意实现阶段

创意实现阶段作为技术创新过程的中间阶段，如图 4 – 7 所示，不同于知识创造阶段不确定性较高的特点，创意实现阶段的内部环节更加透明清晰，知识创造阶段形成的创意点为创意实现阶段的创新方案提供了知识起点，创意实现阶段的成果将决定企业创新的实际效果与效率，即企业技术创新成果最终的实际创新程度。

创意实现阶段是企业在确定目标指导下，根据企业明确的创意需求利用已积累的创意素材，将筛选出的某个创意点不断完善成具有可操作性的创新方案，并将创新方案在企业内部转化为现实的过程。该阶段可分为三个环节，创新方案确定环节、研发环节与试验环节。

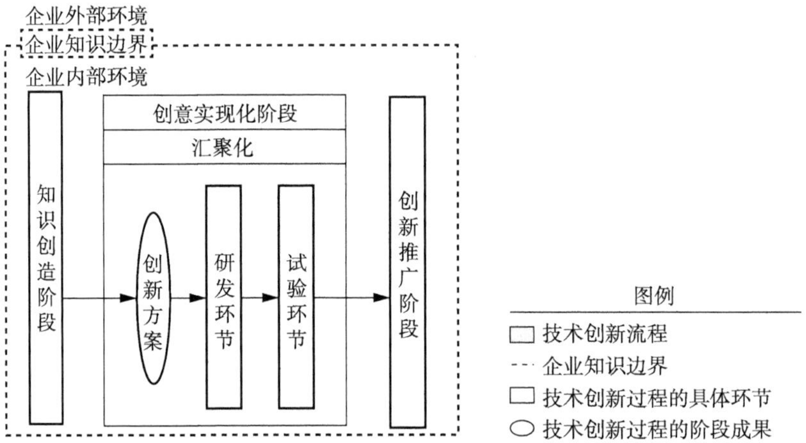

图 4－7　科技型中小企业技术创新过程模型之创意实现阶段示意图

创新方案确定时，企业调动自身知识存量结合市场情况对不同创意点的技术可行性与市场可行性进行评估并最终确定进入下一环节的创意点。其中技术可行性是指企业具备将创意转化为现实的技术与知识，即企业现有创新素材满足企业技术创新的需求，市场可行性是企业通过对市场需求的预测确定方案可以获得市场认可并带来预期收益，即创新需求识别的准确性。

研发环节是为了保证创意落地，企业通过整合内外部资源（人力、物力、财力）为项目开发提供资源支持。研发成功的必要条件是资源的投入，投入既包括本次研究开发投入（如本次研究经费、人员、设备上的投入）也包括长期性、具有积累效应的前期投入（如技术创新过程中出经费投入以外，企业在市场研究、技术引进方面的投入），但是投入能力不等同于研发能力。此外，吸收外来技术以实现企业目标也是企业创新的重要途径。

试验环节是对以上工作成果的检验，在试验环节企业对研发结果是否符合预期进行测试与分析，并保证实际投产的可行性。创意实现阶段是在创新方案的基础上进行的实际操作，每一环节发生的技术偏移或者方案的升级都需要返回上一环节进行修正或更新，需要部门之间协作完成。

（3）创新推广阶段

创新推广阶段是技术创新过程的最后阶段，如图4－8所示，创新推广的效果即技术创新的现实效果，是对企业既有技术创新能力的客观综合反映，也是企业未来技术创新的知识起点。该阶段不能直接决定企业未来技术创新能力水平，但是创新推广的成功可以帮助企业获得更好的市场地位，有利于为企业未来的技术创新提供更好的外部环境。

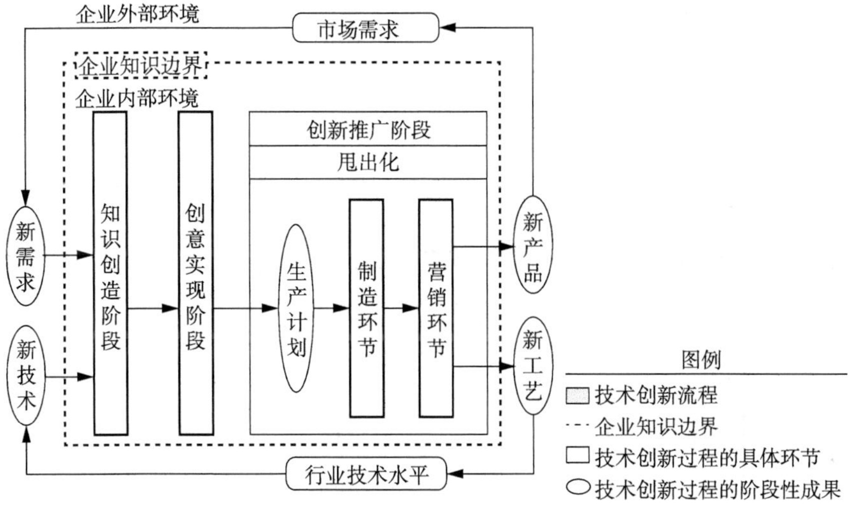

图4－8　科技型中小企业技术创新过程模型之创新推广阶段示意图

该阶段是企业根据具体的生产计划将试验成熟的创新成果投入市场，以取得创新收益的过程，也是企业内部知识通过市场化过程进入企业外部环境的过程。从创新成果的角度看，该过程分为批量生产与市场营销两个环节。批量生产环节是企业按照生产计划将研发成果转化为产品，该环节受企业装备的先进性以及工人的技术水平影响。市场营销环节是指企业在综合考虑市场环境（包括客户需求、市场竞争、成本和收益等）的情况下，综合利用企业营销渠道宣传并销售商品，通过跟踪市场反馈改进产品的过程。两者互为作用，企业营销影响企业市场占有量，进而影响企业的生产计划，生产能力如果不能与生产计划相匹配，出现供给与需求不平衡的情况，会影响企业对市场的把控能力。此外，由市场需求引出的创新成果将反向影响市场需求进而形成新的市场环境。从知识流动的角度看，企业商业化的新技术或工艺有可能代替行业中原有技术成为行业的主流技术或工艺，如果科技型中小企业可以借势实现新技术标准专利化，对企业的长远发展具有重要的战略意义，企业将获得更大的市场优势。

（4）三阶段间的相互联系与作用

在科技型中小企业的技术创新过程中，三阶段之间不是独立存在的，三者之间存在相互联系与作用，如图 4 –9 所示，下面从纵向与横向两个角度对技术创新三阶段的关系进行总结。

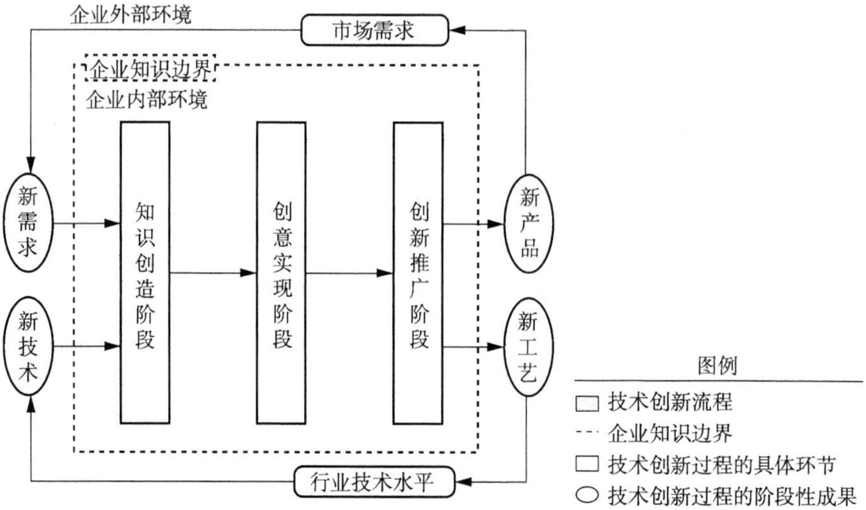

图 4 –9　三阶段之间的相互联系与作用示意图

首先，纵向视角，即按照技术创新过程三阶段的前后关系来看。技术创新各阶段之间具有次序性，同时又存在循环反馈关系。科技型中小企业技术创新过程的三阶段之间存在次序关系，知识创造—创意实现—创新推广及其子环节之间通过知识或成果相联系，有明确的先后关系。知识创造阶段形成创意点，创意实现阶段将筛选出的创意点完善成具有可操作性的创新方案，并根据方案制作样品，创新推广阶段制订生产计划实现样品的大批量生产，并推向市场获取预期收益。前序阶段除了为后续阶段提供知识起点或阶段性成果，还对后续阶段具有推动作用，在整个技术创新过程中，知识创造形成的明确的创意需求引导了后续的技术创新过程中企业资源的分配利用情况，而在知识创造阶段内部，信息获取环节中识别出的市场机遇为科技型中小企业的创新提供切入口，进而引导企业的知识资源有意识地向解决该市场需求的方向汇聚，从而形成创新方案。所以前序环节是后续环节的知识基础同时也是动力来源。

此外，知识积累与知识创新是一个双向循环反馈的动态过程，贯穿始终。企业外部知识通过信息载体渗透入企业，被企业内部人员捕获，经过组织内人员、团队、组织之间的知识转化最终以新产品或新工艺作为载体重新回到市场，并将影响市场形成新的企业创新环境，整个过程中，企业的整体知识呈现循环上升的特征。在整体的大循环下，各个阶段之间亦存在着小循环。网络环境下企业技术创新的本质是基于合作的知识创新，我们可将技术创新企业看作一个知识库，内外部知识动态变化改变企业知识库，进而决定该知识存量与结构下的主体行为，因此在成本约束下企业决策是当前情境下的择优选择，进入下一阶段后，当后一阶段知识与前序阶段知识出现矛盾时，企业主体会根据现实需要决定是否返回前序阶段重复选择，即使不返回决策也会存在现有知识对前序阶段的反馈，影响下一次的企业决策，所以随着环境动态变化，各阶段之间存在循环反馈关系。

其次，横向角度，即从系统的角度分析科技型中小企业技术创新过程。根据“场”理论，科技型中小企业技术创新过程的环境分为内部环境与外部环境，内部环境主要包括组织文化、创新制度、管理者风格、研发投入等，外部因素主要指政治、经济、社会、文化以及外部主体与企业的合作关系等。科技型中小企业技术创新过程的三阶段发生在同样的创新环境内，企业的创新环境同时作用于知识创造、创意实现与创新推广三个阶段，所以企业的三阶段发展具有相同的发展环境，共同体现了企业整体的创新水平。发展的前提是资源支撑，企业的资源包括企业的组织文化、创新制度等软资源，还包括资金投入、人才结构、知识产权等硬资源。受科技型中小企业的规模限制，企业掌握的资源有限，技术创新三阶段之间的资源配置存在竞争性，所以三阶段之间不是均衡发展的关系，一方面，创新的内外部环境决定了科技型中小企业在三阶段之间的资源配置具有不同的偏好程度；另一方面，为了达到企业既定目标，企业需要对三阶段的资源竞争关系进行协调，以推进企业整体的创新进度。

4.4 基于技术创新过程模型的科技型中小企业技术创新能力结构分析

通过对技术创新过程的分析可知，虽然不同企业的技术创新形式不同，但技术创新的本质过程相同，都具有一定的次序，所以用技术创新过程对技术创新能力进行界定具有普适性。通过对科技型中小企业技术创新三阶段过程模型的构建与分析，可以将科技型中小企业技术创新能力结构分为知识创造能力、创意实现能力、创新推广能力及协调推进能力，如图 4－10 所示。

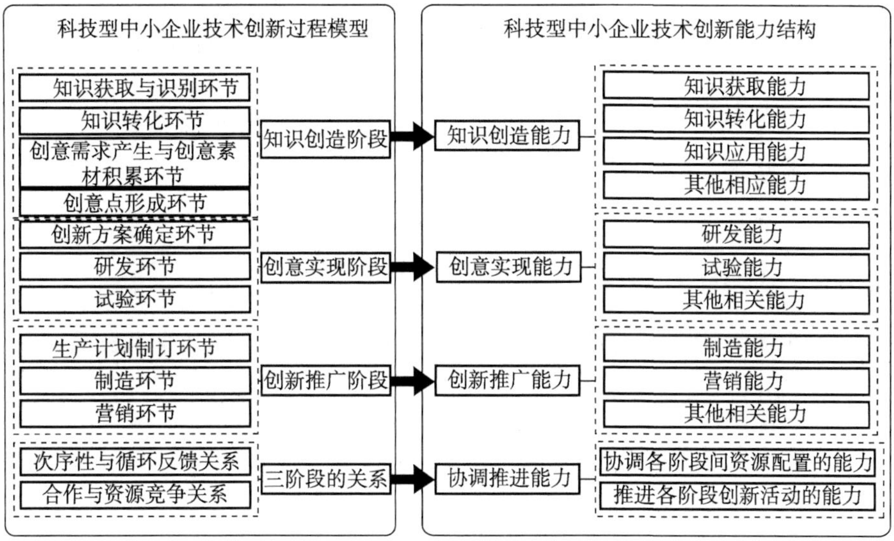

图 4－10　科技型中小企业技术创新能力结构图

知识创造能力、创意实现能力与创新推广能力分别是对应技术创新过程模型中知识创造阶段、创意实现阶段与创新推广阶段的三大过程能力。此外，通过分析技术创新过程三阶段的相互联系与作用发现三个阶段之间不是均衡发展的，三阶段在企业内外部环境中存在配合与竞争关系，各环节之间的资源分配需要以组织整体利益最大化为前提，这需要以跨环节的管理能力为基础，因此在三大过程能力的基础上增加了跨阶段并贯穿整个技术创新过程的协调推进能力作为对技术创新能力结构的补充。通过增加协调推进能力，企业的技术创新能力构成了贯穿过程始末、跨越组织上下层次的完整的体系结构，最后根据科技型中小企业技术创新的具体流程对上述能力做进一步分解，形成了科技型中小企业技术创新能力的三级体系结构模型。

其中，知识创造阶段主要包括了信息获取与识别、知识转化、创新需求形成、创意素材积累以及创意点产生等环节。从知识的角度对上述环节进行归纳，可以得到知识获取能力、知识转化能力、知识应用能力等作为知识创造能力的具体构成要素。同理，在创意实现阶段，主要包括在创新方案指导下的研发与试验等环节，可以将创意实现能力的二级构成要素归纳为研发能力与试验能力等。创新推广阶段主要包括制造与营销等环节，可将创新推广能力的二级构成要素归纳为制造能力与营销能力等。协调推进能力是跨越三阶段的综合能力，包括整体推进企业内部创新活动的能力与协调三阶段之间资源分配以达到企业资源配置最优化的能力。

由知识创造螺旋模型得来的科技型中小企业的技术创新过程模型中，知识创造阶段是毋庸置疑的核心阶段，因此以该过程模型为基础的科技型中小企业技术创新能力体系的各构成要素之间也不是并列关系，而是以知识创造能力为核心能力。在实际生产中，科技型中小企业以技术创新为生存发展的动力，而技术创新的本质是知识创新，所以知识创造能力作为技术创新能力的核心能力是其他能力发挥作用的基础，在知识创造能力的各构成要素中又以显隐性知识之间的转化能力为知识创造能力的重心，知识获取能力作为辅助，知识应用能力则直接影响技术创新过程下一阶段的走向。

5

知识网络视角下高校、中介组织、企业、政府科技成果转化分析

科技成果转化活动中相关知识节点、节点关联与环境要素共同构成的科技成果转化知识网络中的投入资源产出率可看作知识网络视角下的科技成果转化效率。基于知识网络视角的科技成果转化效率作用力分析在完善相关理论、提供创新研究思路的同时，结合产业组织理论改进模型剖析科技成果转化结构体系、运行过程机制及与转化效率之间作用力，为洞察科技成果转化活动效率奠定基础结构。

5.1 知识网络视角下科技成果转化 E-SCP 模型

以梅森和贝恩为代表的哈佛学派通过截面实证分析方法得出市场表现（performance）受市场行为（conduct）决定、市场行为被市场结构（structure）决定的因果联系的产业组织理论即 SCP 分析范式。随着产业组织理论逐渐发展，Scherer 通过完善 SCP 范式各环节反馈效应对其进行系统阐述。SCP 范式是在完全市场经济条件下逐渐形成并发展成熟

的，对正处在转型发展中的中国不完全适用，存在如下缺点：将静态产业结构作为实证分析前提，将主体间既存差异作为决定产业结构竞争状态的外生变量，对主体行为进行静态截面观察进而与绩效相联系，忽视了市场结构状态动态性；以结构变量为条件，建立稳定模型了解绩效变量的规律性，由于行为变量因素难以量化，采取“黑箱”处理方式。

5.1.1 E-SCP改进模型

由于传统SCP模型存在的诸多局限，国内许多学者进行了改进，金碚最早将体制因素纳入产业组织研究框架，建立包含体制因素的新分析范式，更好地解释中国的产业现实。于良春将制度因素纳入产业组织理论的范式构建ISCP研究框架。产业组织系统环境因素作为独立于系统结构与系统行为的外在作用力，通过对结构、行为的直接影响而间接影响绩效。根据上述研究，本文认为环境是影响结构与行为的重要因素，所以将环境因素引入到传统SCP范式中构建E-SCP模型，如图5－1所示：

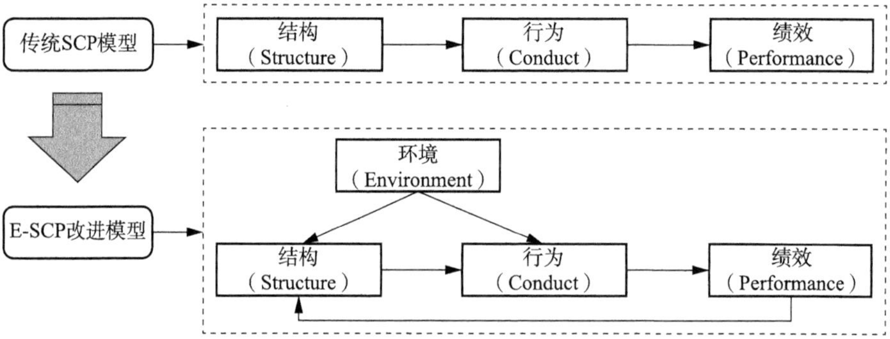

图5－1 SCP模型与E-SCP改进模型对比

E-SCP模型增加环境因素及环境因素对结构、行为的影响力及绩效对结构的反馈作用力。S-C 代表组织结构对行为的影响作用力，组织结构包括组织内部构成要素及之间的联系程度进而对行为产生影响作用；C-P 表示组织行为对绩效的作用力，通过环境和机构影响的行为因子，通过将投入资源转化为现实成果，来衡量投入资源的利用率及绩效水平。E-S 表示组织内外部环境对结构的影响作用力即环境因素是结构函数的变量之一，组织内外部环境发展状况以及稳定性水平影响组织内部构成要素的规模及之间的紧密程度进而影响结构的形态与运行。E-C 表示组织环境对行为的影响作用力，组织环境在影响组织结构的同时，对行为的选择及组合调度产生客观影响。P-C 显示出组织绩效水平对结构的反馈作用力，效率质量的高低会影响组织内部人员、部门的结构调整。需要指出的是，变量间影响作用力都包含利弊两个方面，解释变量只有对被解释变量产生正向作用力，才会促进被解释变量的发展。

5.1.2 知识网络视角下科技成果转化 E-SCP 模型

将知识网络视角下科技成果转化活动嵌入 E-SCP 模型运作流程中，形成知识网络视角下科技成果转化 E-SCP 模型，如图 5－2 所示：

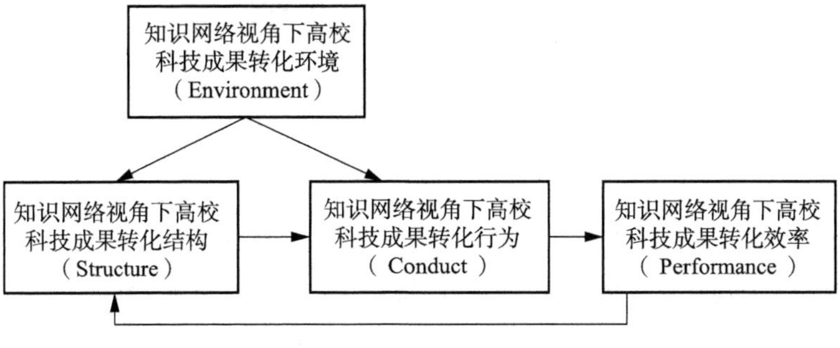

图 5－2 知识网络视角下科技成果转化 E-SCP 模型

知识网络视角下科技成果转化效率用知识网络视角下科技成果转化组织结构（S）及转化行为（C）基础上产出单元的效率（P）表示，即在科技成果转化知识网络内外部环境（E）影响下的科技成果转化各组织结构（S）与行为（C）协同对转化效率（P）产生影响力且转化效率（P）对转化组织结构（S）产生反作用力的过程。具体来说，知识网络视角下科技成果转化组织结构通过内部组织要素构成及构成要素间关联的展现方式进而决定了科技成果转化行为；受知识网络视角下科技成果转化环境和结构决定的科技成果转化行为在各种投入资源的支持下产生实际效益，而转化行为完成程度及质量决定科技成果转化的投入产出效率；高校主体的科技成果转化的环境发展状况以及稳定性水平影响科技成果转化内部构成要素规模及之间关联、影响科技成果转化活动的形式选择及资源调度进而分别对其结构与行为产生决定性影响。转化效率的高低会导致科技成果转化知识网络内部结构调整，进而产生反作用力。在知识网络视角下科技成果转化 E-SCP 模型中，各因素间只有产生正向影响作用力，才会促进被解释因素的发展进而为提高知识网络视角下科技成果转化效率奠定坚实理论基础。

5.2 知识网络视角下科技成果转化环境（E）分析

持续稳定的科技成果转化知识网络环境有助于通过形成规范、约定俗成的沟通模式，加快知识流动，同时助力提高科技成果转化效率；知识网络视角下的科技成果转化规模及发展的不同时期通过知识网络节点多寡情况、流通共享通路数量、知识存量丰富度、含有异质高价值知识的可能性及整个知识网络的质量对内部环境产生不同的作用。科技成果转化知识网络环境通过对知识网络结构和行为的直接决定影响，进而对知识网络效率产生间接决定影响，其中的影响作用力只有是正向的，才会间接促进科技成果转化效率的提升。知识网络视角下科技成果转化环境的分析主要从三个方面进行，分别是业务知识网络环境（E1）、组织知识网络环境（E2）及知识网络外部环境（E3）及其中的推拉作用力。

5.2.1 业务知识网络环境（E1）

科技成果转化业务知识网络环境是指对科技成果转化业务知识节点及业务节点关联形成的影响作用力集合。如图 5－3 所示，E1 表示科技成果转化业务知识网络环境，属于科技成果转化环境中最靠近科技成果转化核心业务的环境层，在该层知识网络环境中，科技成果转化业务目标、供需情况、市场化意识、异质性知识开放度、转化过程衔接程度因素使存在于业务知识网络环境中的因素，通过对科技成果转化结构及行为产生影响进而影响效率：

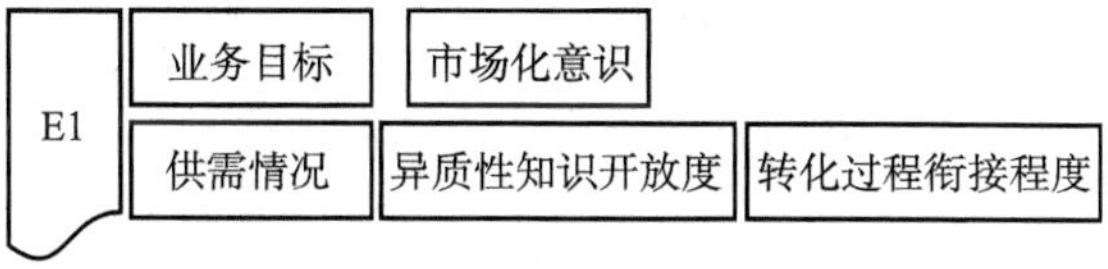

图 5－3 业务知识网络环境因子图

知识网络视角下科技成果转化的目标是在高效率完成从概念雏形、科技成果到现实生产力的转变的同时，实现各节点利益诉求。各节点由于社会性质及发展程度不同形成各自不同的业务目标，从而对科技成果转化效率影响程度也不同；科技成果转化知识网络是向市场供应科技产品的网络系统，待转化的科技成果只有满足市场需求，避免供需脱轨现象的产生才是保证科技成果转化知识网络正常形成与发展的前提；科技成果转化参与主体市场转化意识及执行力强弱是影响的重要方面，市场化意愿薄弱会导致转化过程不彻底进而不能完全发掘市场潜质，延长转化周期，造成巨大的人力、物力资源浪费；转化知识网络各参与主体因为从事行业的不同，内部所包含不可复制的异质性知识，而异质性知识开放程度决定了业务知识网络环境知识之间的关联度，相应地，异质性知识壁垒的存在会致使创造性知识不能及时有效地传达，导致知识网络信息偏差及滞后性不对称进而阻碍转化进程；转化知识网络由实验室到现实生产力的转变，需要经历概念研发、应用研发、商业化产业化等过程，经过高校、研究所、政府、投资机构和企业节点，复杂系统的知识网络转化流程衔接强度是影响科技成果转化是否高效率实现的重要因素。

5.2.2　组织知识网络环境（E2）

如图5-4所示，阐述科技成果转化组织知识节点及组织节点关联产生的影响作用力集合的知识网络E2，是表示科技成果转化组织知识网络环境，介于科技成果转化业务知识网络与知识网络外部环境之间，同时受到来自两者的影响。在该层知识网络环境中，科技成果转化社会职能、经济价值诉求、知识竞争力、研发能力因素是外现于组织知识网络的环境因素，通过对科技成果转化结构及行为产生影响进而影响效率，如图5-4所示：

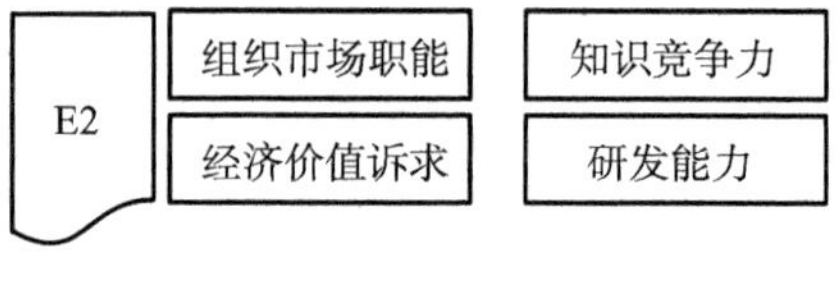

图5-4　组织知识网络环境因子图

科技成果转化知识网络中不同参与主体被社会赋予不同的社会职能，社会职能是主体在社会网络中的标签，在享受各项服务和权利的同时，也相应承担相应的社会职能，以高校主体为例，高校拥有教育、科研、服务社会职能。由于高校的教育职能使来自各方的学子聚集在一个学习环境中，通过教师的言传身教习得真知，由于高校的服务社会职能，在各种活动中才能看到学校的身影，由于高校科研的社会职能，高校才能在获得政府各方支持下源源不断地向社会提供科技产品，造福人民，展现科技强国的魅力，所以出于社会职能驱动的各参与主体积极促进科技成果转化，展现自身价值。科技成果转化各参与主体在一定程度上都具经济主体的特质，经济主体需要经济来促进自身的生存发展，为此在进行科技成果转化过程中，会设置定向定量考核机制和相应奖惩机制来促进主体提高自身技能并加强合作，加强合作的内生利益机制，进而一定程度上推动科技成果转化的实现来实现经济价值；知识资源作为高效开展科技成果转化的核心资源，核心竞争力的角逐一定程度上就是知识竞争力的较量，科技成果转化知识网络会随社会网络的变化不断调整转化流程与知识结构来适应整个外部环境的发展需要，知识发展需求推动力是指科技成果转化处于日新月异的知识经济发展中，知识发展需求推动力可推动科技成果转化稳健发展；科技成果转化活动作为知识密集型活动，高校、研究所及企业是高校科技成果实现的技术支持单元，研发能力及相应的技术吸纳能力水平直接影响科技成果转化可操作性、可达性及转化周期的长短。

5.2.3 知识网络外部环境（E3）

展现科技成果转化外部知识节点及业务节点关联组成的可能对转化

活动造成的所有影响作用力因素的集合为科技成果转化知识网络外部环境（E3），如图5－5所示，位于科技成果转化知识网络的最外层。市场需求、政策支持、体制机制、经济发展水平、市场化程度、知识产权保护程度、科技环境等是外现于组织知识网络的环境因素，通过对科技成果转化结构及行为影响进而影响效率：

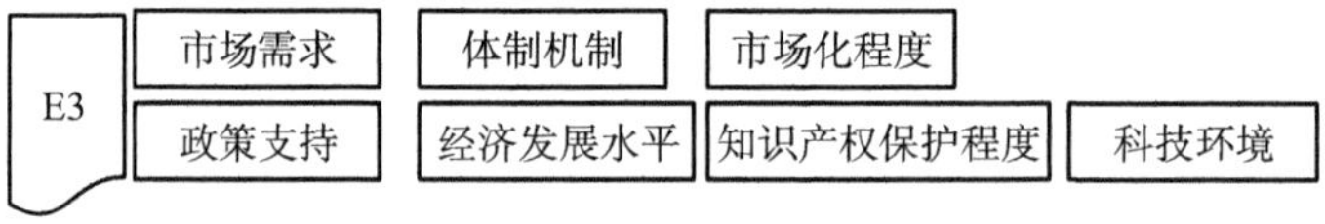

图5－5　知识网络外部环境因子图

明确市场需求是开展科技成果转化活动的开端，以高校科技成果市场需求为导向可以为科技成果转化知识网络引领正确方向，保障科技成果转化概念雏形的形成质量、市场符合程度以及最终价值实现程度，在科技成果转化知识网络资金充足的基础上，通过资源资本增值影响高校科技成果市场化程度；政府资金、政策扶持力度及持续稳定性程度为科技成果转化活动开展提供外部环境支持，且政府支持力度在一定程度上影响其他主体对科技成果转化的关注度及参与度；科技体制机制完善程度是影响从事相关科技事务人员能力的重要因素，相应的奖惩制度、利益分配制度对调动科技工作者的热情和积极度具有重要作用；经济发展水平代表社会整体发展程度，经济发展水平在一定程度上代表科技成果转化上下游主体接受科技产品的程度，经济发展水平高促进转化意识的同时，促进科技产品的市场化，产业结构中第三产业所占比重在一定程度上说明科技成果转化潜力。外部市场化程度代表科技成果转化后科技产品市场接受程度及市场前景，是影响科技成果转化主体规模及相应关联紧密程度的关键。知识产权保护程度展现知识产权受整个社会重视程度，体现知识产权所有者对知识产权的所有权关系，而知识产权综合实力指数表示知识产权保护程度，知识产权保护程度高，高校科技成果受到法律及大众支持的同时，使科技成果转化参与人员在内心动力支持下完成科技成果转化工作；科技环境是科技成果转化需要的外在科技支持，它会随着科技创新力的提升不断地进行知识创新与技术创新，身处有良好科研氛围的工作环境的科研工作者才能更好地开展工作。

5.3 知识网络视角下科技成果转化结构（S）分析

知识网络下科技成果转化结构体系是由两层科技成果转化知识网络构成要素及之间相互作用关系形成的网状形态结构体。这种网络结构决定了科技成果转化行为有秩序地相互交错，科技成果转化知识网络节点规模及质量决定科技成果转化行为的规模及执行力，而知识网络关联的紧密程度是决定能否产出有效行为及能否以一种稳定持续的行为态势发展的关键。

5.3.1 科技成果转化知识网络总结构体系

在知识网络视角下科技成果转化 E-SCP 模型基础上构建科技成果转化知识网络结构体系，如图 5－6 所示。知识网络视角下科技成果转化体系由两层科技成果转化知识网络与三层知识网络环境构成，为科技成果转化知识网络视角下的概念模型奠定基础。

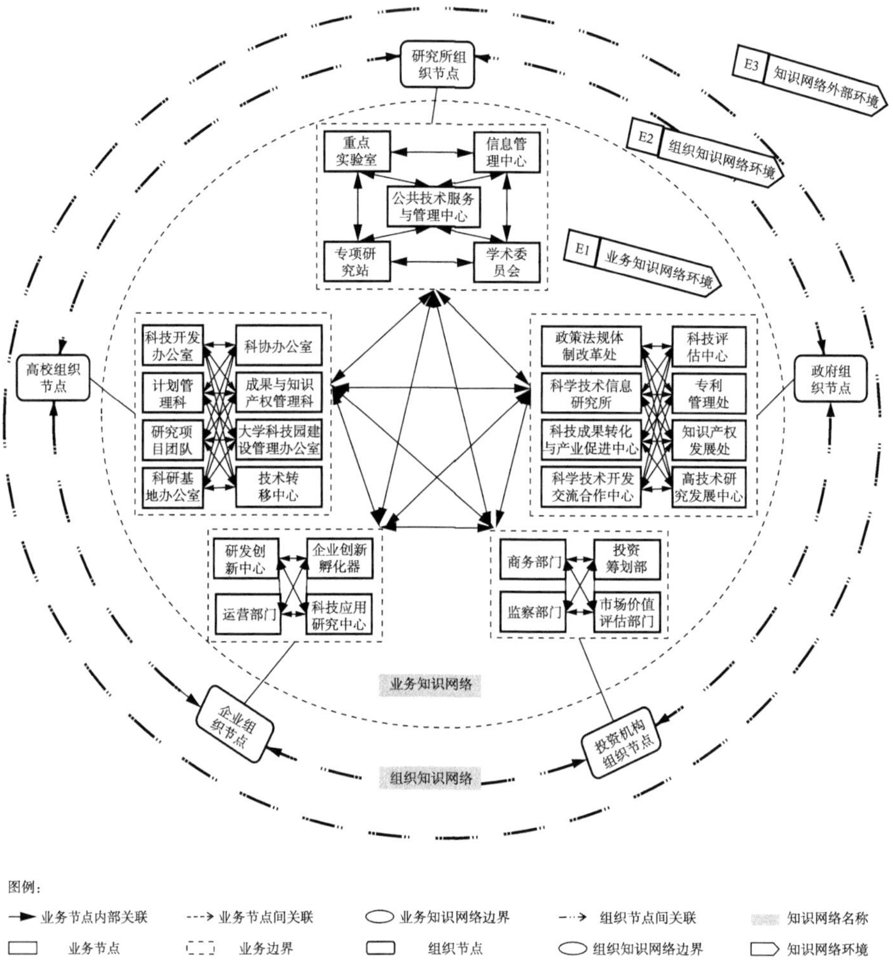

图 5－6　科技成果转化知识网络结构体系

5.3.2　科技成果转化一层知识网络结构体系

如图 5－6 所示，该层知识网络结构体系位于科技成果转化总知识网络中的内层，由这一层中的节点要素、关联要素及环境协同构成，如图 5－7 所示：

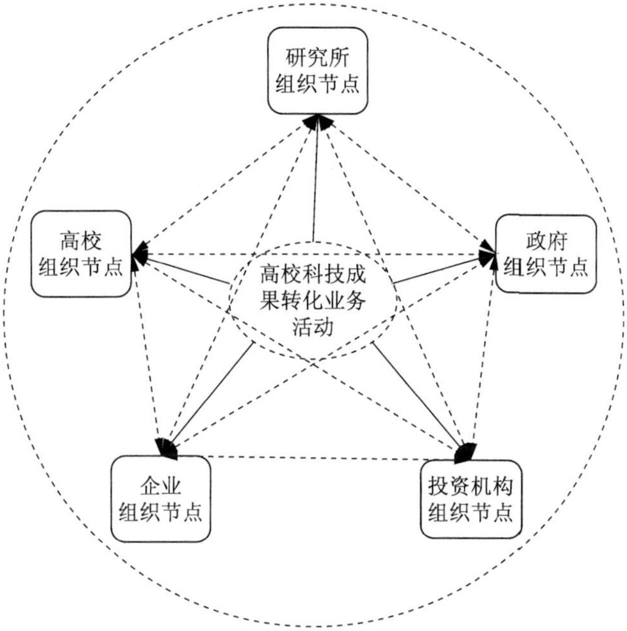

图 5-7 一层知识网络结构体系

（1）节点分析

科技成果转化知识网络节点要素主要包括高校组织节点、企业组织节点、政府组织节点、投资机构组织节点和终端组织节点。各组织节点为完成科技成果转化的共同目标各司其职，发挥核心优势，有利于高质量完成科技成果转化的同时，实现各自价值诉求。高校组织节点能够独立完成教学、科研、社会服务职能活动，是知识网络视角下科技成果转化活动中的中心组织节点，与企业、政府、投资机构、研究所节点存在密切关联，是推动转化活动有序进行的关键组织节点；企业组织节点是知识网络视角下科技成果转化活动的下游组织节点，为科技成果转化知识网络提供市场信息及需求；政府组织节点是转化知识网络的协调支持节点要素，协调高校与企业之间平衡关联的同时也为整个转化知识网络提供政策资金支持；投资机构组织节点是根据高校科技成果市场价值潜力判断向意向转化项目提供专项资金支持的经济机构；而在科技成果转化活动中发挥集成创新优势，为转化活动提供技术支持，促进科技成果转化效率提升的组织节点是研究所组织节点。

（2）关联分析

科技成果转化知识网络组织关联主要是指高校、企业、政府、投资机构、研究所组织节点之间进行两两知识交流共享形成的关联关系。高校与企业关联关系体现于通过两者进行知识交流共享，高科技成果研发过程始终依据企业提供的市场信息，使得科技产品能够迎合市场需求，企业也通过这种联系把握需求的科技可行性；高校与政府的关联关系体现在高校与其他节点协同进行科技成果转化活动，需要政府提供政策资金支持，政府对转化过程起到监督作用，通过双方交流及关联程度使转化流程在更加稳定的环境中进行，缩短转化周期。投资机构节点因为高校科技成果具有的市场价值潜力，对科技成果转化施于资金助力，使高校科技成果在转化过程中避免出现资金短缺导致的转化过程中断等问题。高校与研究所节点都是为科技成果转化共同提供技术支持的节点单元，两者关联的紧密程度是保障转化过程能否顺利进行的关键指标。高校是该知识网络的中心节点，与其他各节点存在强关联关系，是建立在节点间互信基础上，减少运作成本的同时，促进知识转移效率尤其是隐性知识的嵌入与显性化；其他相关辅助节点间形成稍弱关联关系，拥有增大知识接触面、促进创新知识产生的优点。

5.3.3 科技成果转化二层知识网络结构体系

该知识网络结构体系主要包括知识网络业务节点、业务关联要素与对应的业务环境。由于高校在转化知识网络体系中不可替代的关键作用，本节以高校为研究对象分析高校间及高校内部的科技成果转化知识网络的结构体系。

（1）高校间科技成果转化知识网络结构体系

作为科技成果转化知识网络典型代表之一，高校间科技成果转化知识网络作为高校节点完善成果质量以及为科技成果转化知识网络提供更充分的科研支持，其构成要素如图5-8所示：

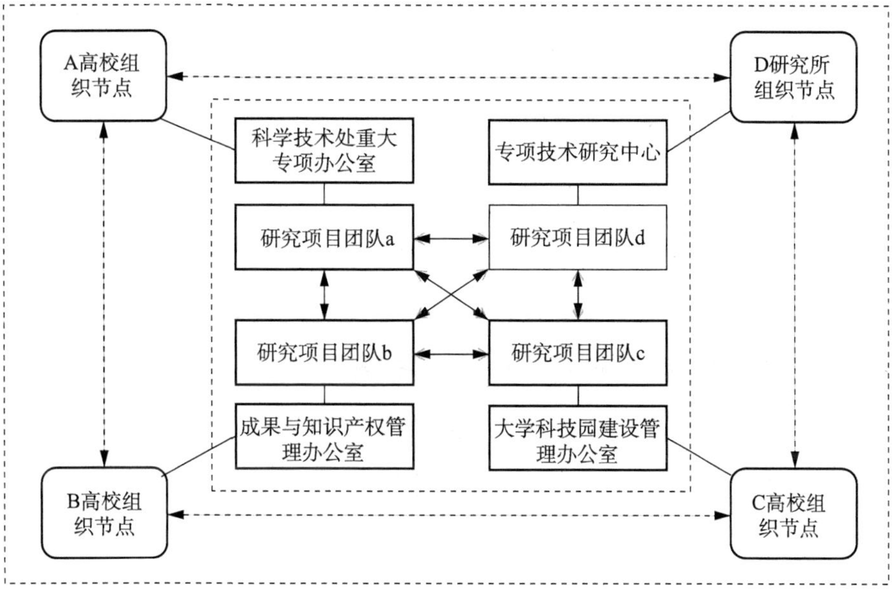

图5-8 高校间科技成果转化知识网络结构体系

①节点分析。高校间科技成果转化组织知识网络节点要素包括A高校节点、B高校节点、C高校节点及D研究所节点。研究所节点在一定程度上与高校节点从事相同的科研事业，只是侧重点不同，所以高校间科技成果转化知识网络结构体系有研究所节点的参与。其中A高校节点科学技术处重大专项办公室负责拟订重大科技专项和重大科技创新

工程的实施意见和布局建议；对实施情况进行跟踪、监督，组织验收和绩效评估；协调解决重大问题；负责科技重大专项的相关协调工作。B高校节点成果与知识产权管理办公室（同图）业务节点主要负责组织科技成果的鉴定评审、奖励申报，校知识产权的管理与保护工作；负责科研管理信息系统维护、科技统计文件管理和科技处规章制度拟订。C高校节点大学科技园建设管理办公室业务节点利用高校科研能力与人才优势，为创新主体创新创业科技成果转化服务，提高入园企业自主创新能力及科技吸纳能力，加快高新技术企业孵化，服务区域经济发展。D研究所节点专项技术研究中心业务节点是指为重点关注的开发项目提供相关技术服务支持的专项研究站所设置的机构。各节点研发项目团队的通力合作可发挥各自异质知识的作用。

②关联分析。高校节点作为高校科技成果中的技术支持节点对科技成果转化科技成果实现前期阶段起着决定性的作用。而高校间关联的紧密程度在各自领域研究的基础上，以科技成果转化目的为依据，通过相互的知识交流与共享得以实现，在性质相同的节点间虽然相同性质的知识交流较频繁且知识被局限在一定范围内，但更利于对知识的深入挖掘，有利于创新性知识的诞生，有利于解决科技成果转化过程中的技术性难题，提高转化进度及质量，而且可以使科技成果转化知识网络的技术知识有一个新的提升。

（2）高校内部科技成果转化知识网络结构体系

作为科技成果转化业务知识网络的又一典型代表，高校内部科技成果转化知识网络以高校节点为研究对象，研究高校节点内部各单元为科技成果转化活动所做的分工，充分发挥高校节点技术、科研人员优势，为高质量产出科技成果提供更充分的科研支持。该知识网络结构体系是由高校内部科技成果转化节点要素与节点关联要素组成的知识网络结构体系，如图 5－9 所示：

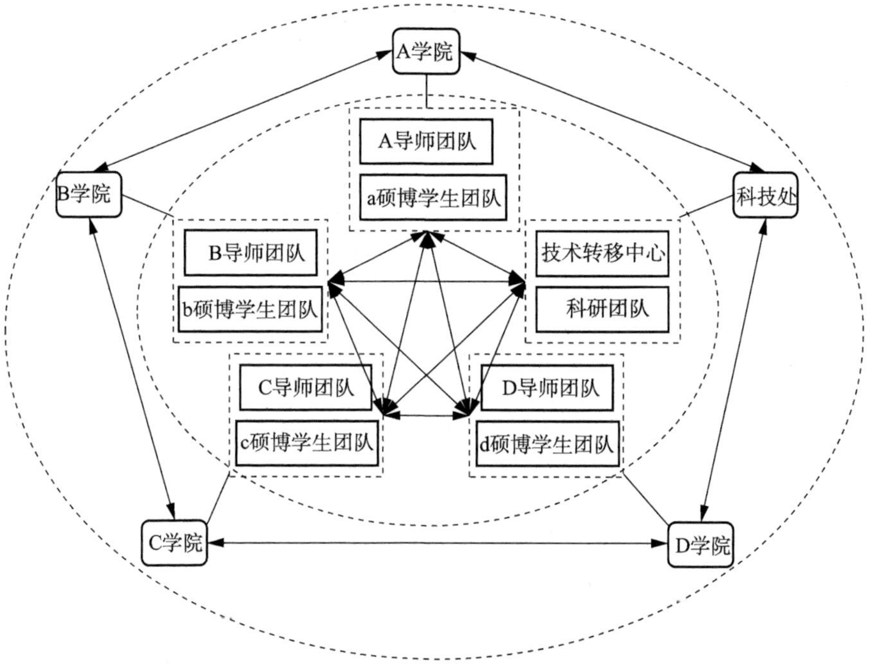

图 5－9　高校内部科技成果转化知识网络结构体系

①节点分析。高校内部科技成果转化知识网络节点要素包括 A 学院节点、B 学院节点、C 学院节点、D 学院节点以及科技处节点。各学院节点中包含各学院导师团队和硕博学生团队，科技处组织节点所包含的业务节点有技术转移中心以及科技处科研团队。该类型针对科技成果转化活动所需各种科研能力，调动高校节点内部各学院节点的异质性知识资源，保证高校作为科技成果转化知识网络中的影响力。

②关联分析。其中各学院各团队之间会存在形式多样的知识交流活动，其间通过发生的关联关系，在与主体知识的碰撞下产生创新知识，正是由于此，才能更好地发挥高校引领和协调作用。

5.4 知识网络视角下科技成果转化过程（C）分析

对知识网络视角下科技成果转化结构分析可知科技成果转化知识网络是多节点相互交织形成的多层知识网络，知识网络视角下科技成果转化 E-SCP 模型表明科技成果转化知识网络结构决定其行为，而科技成果转化行为特征在知识网络视角下的科技成果转化效率体现是多方面的，各方面的科技成果转化行为在消耗资源进行知识创造过程的同时，助力转化效率的提高。

知识网络视角下科技成果转化过程指在科技成果转化多层知识网络中各组织节点及业务节点间的交互网状转化过程。科技成果转化过程被分为概念实现、成果实现和价值实现三个阶段，其中包含概念开发、应用开发、中试、商业化、产业化实践转化流程以及知识的获取、共享、转移、整合创新、应用知识转化环节，在科技成果转化中无时无刻不在发生着知识创造，如图 5 – 10 所示：

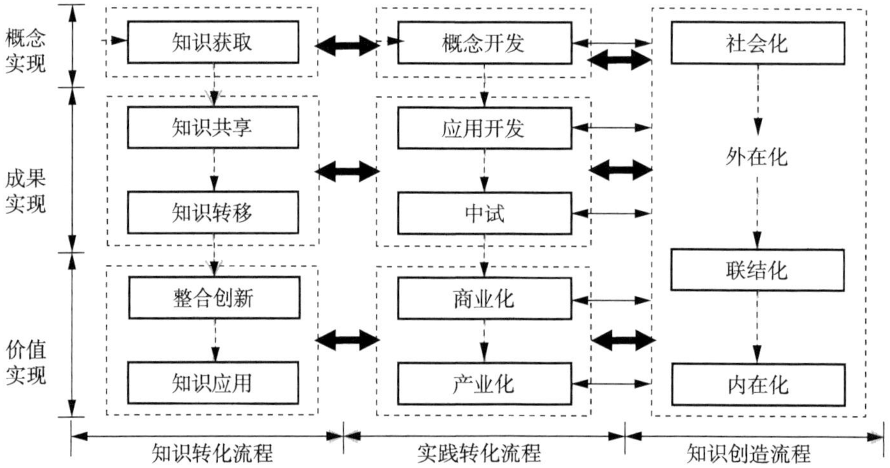

图 5 – 10　知识网络视角下科技成果转化过程

（1）概念实现阶段行为

该阶段是高校及研究所科研人员根据自身研究领域通过各种手段获取外界研究前沿及研究趋势，与关联节点提供的市场信息，形成概念模型的过程。概念开发过程中通过对概念模型的显性阐述，为概念实现阶段形成概念雏形进行原始量变积累，在此过程中附着于文字的显性知识通过联结化过程得到归纳分析，将与概念模型相关的知识反复推敲，内化于各学术背景科研工作者的大脑中并外化为概念雏形。环境发展为概念模型的实现提供环境支撑，当环境发展满足概念雏形发展时，依附于概念雏形的隐性知识会通过社会化过程扩大隐性知识的获知范围，并外化形成可以描述的概念模型。在此过程中逐渐形成高校及研究所间专项知识网络及相应内部的知识转移和创造活动。一般而言，该阶段以企业市场需求为出发点开展实验性或理论性工作。概念实现阶段作为科技成果转化知识网络的开端，决定知识网络视角下科技成果转化工作的走向及质量，因此在开展高校科技成果知识获取前需要明晰科技成果转化知识网络的既定目标及在实施过程中可预见的问题，了解需要获取市场信息的主次要方面及高效的知识源。

（2）成果实现阶段行为

此阶段是在概念实现基础上经过应用开发与中试环节完成可面向市场的科技产品，在此过程中通过知识的碰撞创造新知识来满足成果实现的需要。高校通过与其他节点合作借鉴成果实现所需各项能力，实现内外部知识网络的知识共享与创新，在扩大获取知识范围同时，对科技成果转化知识去粗取精，提高知识网络的整体知识水平尤其是隐性知识水平。高校与研究所为该阶段成果实现提供研发技术支持。投资机构节点通过节点间及节点内部团队的市场价值评估报告，完成对科技成果转化的投资及后期跟踪相关工作。政府节点团队在对申报项目进行评选的基础上，向科技成果转化网络提供政策、资金支持，发挥调控的中间作用。在各活动节点内部都发生与科技成果转化相关的业务活动知识转移创造过程。

（3）价值实现阶段行为

该阶段是主要通过商业化与产业化实践转化环节来进行转化知识网络中知识的整合创新与应用。通过成果实现阶段高校科技成果技术参数、适应性条件、工艺流程等与实际产业应用基本符合，达到可以进行规模化的商业推广与产业化的阶段，在这当中各节点对自身知识进行汇总分类整理、取精去粕整合创新，使整合后重新编码的显性化知识更加符合组织发展应用的需要，促进科技成果转化知识网络知识势能的整体竞争力提升。高校节点、企业节点、研究所节点、政府节点以及投资机构节点根据科技成果转化知识网络发展阶段、环境及自身发展需要的变化做出适当性调整，在不断调整中实现各自价值。科技成果转化知识网络价值实现阶段的实现与随之而来的超额利润，会引起公众的关注进而引发二次创新，产业化的技术扩散会使超额利润逐渐蜕变为平均利润，形成科技成果转化环境的变化，科技成果转化知识网络中各组织节点和相关节点也会随着环境的变化及市场发展需要的变化开始形成新一轮科技成果转化知识网络的发展。

5.5 知识网络视角下科技成果转化效率（P）分析

知识网络视角下科技成果转化效率是指科技成果转化知识网络中各阶段投入产出比，体现在知识网络视角下科技成果转化投入资源不变条件下产出水平提高的程度。科技成果转化链条的末端与前端相比，科技水平、人才素质、知识储量特别是隐性知识储量等有了不同程度的进步，形成内化于各节点的隐性知识储备，对各组织节点的节点配置及相互形成的结构会产生新的影响作用力。在对知识网络视角下高校科技转化过程分析时可知将科技成果转化过程分为概念实现阶段、成果实现阶段和价值实现阶段。知识网络视角下科技成果转化效率如图 5 – 11 所示：

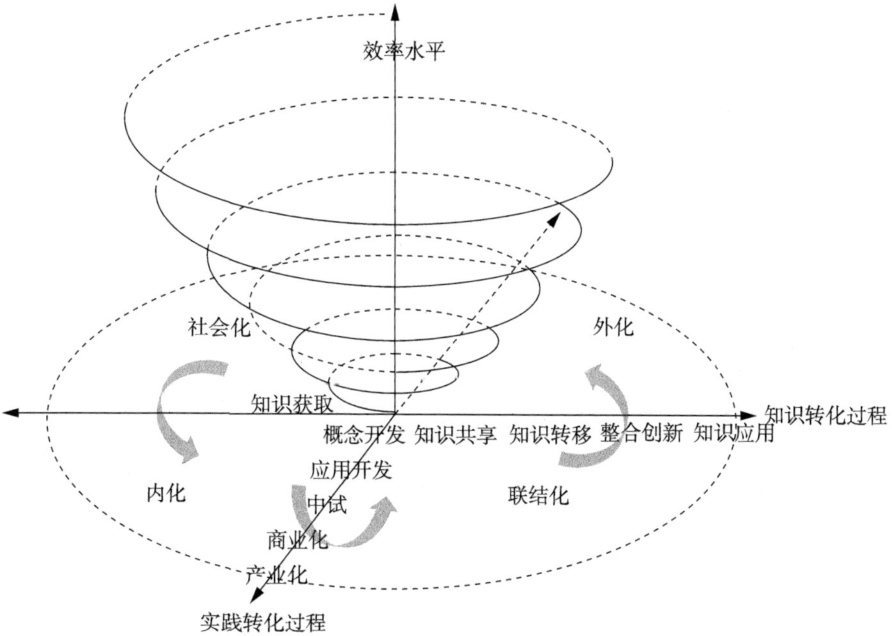

图 5 – 11　知识网络视角下科技成果转化效率

（1）概念实现阶段效率

此阶段效率主要是指高校与研究所节点开展概念开发活动投入资源的利用程度，即在资源投入及人员配置条件下可能产生的概念产出程度。在此过程中，高校和研究所相关节点的研发进程及知识转化创造程度对概念成果是否能够实现以及实现的质量及概念实现阶段效率产生重要影响。该阶段的研发效率水平在实践转化、知识转化以及创造协同力下呈现螺旋式上升。该阶段的知识尤其是隐性知识流动创造的效果很难精确定量测量，需要由外化相关性变量代替测量。通过对该代替变量的测量，进而阐述概念实现阶段的效率情况并对此进行分析解读。

（2）成果实现阶段效率

该阶段产出的表现形式是具有市场价值、可大规模推广的成果。参与到科技成果转化知识网络这一阶段的所有节点都会发挥作用，多层次多角度复杂的知识共享转移中，创新性知识极易形成，同时也是决定高校科技成果转化效率最重要的环节。与概念实现阶段相同，成果实现阶段效率的分析主要体现在过程中发生的与之相关的知识创造过程的完成情况及完成质量。与概念实现阶段效率分析不同的是，成果实现阶段的程度测评可以通过对产出绝对数或者相对数进行测量来实现并对测评结果进行分析。

（3）价值实现阶段效率

这一阶段作为科技成果转化工作的产出密集阶段，具有较强的研究性。价值实现阶段效率表现主要体现在技术、经济和人才方面价值实现上，且在知识转移创造作用下也呈螺旋式上升路径。在科技成果转化实践进程中，节点间相互进行知识转移创造，其中包括技术的交流与共享，随着科技成果转化过程的推进，一方面技术共享转移深入进行，另一方面，节点技术吸收能力也在提高。科技成果转化的实现最直接的投入产出效率体现在经济指标上，即各节点参与科技成果转化知识网络所获得经济利益在对投入资源进行弥补的基础上获得的超额利润。拥有异质知识人才是科技成果转化知识网络重要的战略资源载体，谁拥有人才资源谁就掌握了主动权，高校科技成果转化节点的知识水平就会向更高水平发展，所以人才是科技成果转化效率的重要方面。通过知识网络视角下科技成果转化行为的开展、知识创造过程的开启，使知识网络中知识存量增大、知识源扩展以及获得知识难度的降低，创造性知识呈现螺旋式上升的形态，知识价值实现情况成为衡量科技成果转化的重要因素。

6

科技成果转化效率实证分析

在高校科技成果转化效率指标选取的基础上，运用 DEA-BCC 模型和 DEA-Malmquist 模型对知识网络视角下高校科技成果转化效率进行静动态结合分析，全面科学地了解知识网络视角下高校科技成果转化效率现状，为提高高校科技成果转化效率提供可行性应用借鉴。

6.1 数据来源与数据整理

数据选取体现研究的针对性和科学性，结合当前学术界对高校科技成果转化效率的实证研究现状，本文选取沿海地区教育部直属高校的科技成果转化效率作为研究样本，沿海地区拥有得天独厚的地理条件、优先发展的政策推动及海外产业转移优势，教育部直属高校是中央部门直属高等学校的重要组成部分，在提高教学、科研和社会服务等方面发挥示范作用。对沿海地区教育部直属高校科技成果转化效率的研究能够带动周边地区科研协同发展，具有研究的理论价值和实践价值。

由于 2017 年《高等教育学校科技活动统计资料汇编》尚未发布即

分析2016年的高等教育学校科技活动资料无法获得，考虑相关指标数据可得性，本文选取2014年至2016年《高等教育学校科技活动统计资料汇编》和《中国统计年鉴》的统计数据作为数据样本，也就是对2013年到2015年的高校科技成果转化效率情况进行分析，并根据剔除沿海地区中没有教育部直属高校的省份，选取沿海地区24所教育部直属高校，如表6－1所示：

表6－1 样本高校与测评单元对应表

DMU_1	南开大学	DMU_9	东华大学	DMU_{17}	中国药科大学
DMU_2	天津大学	DMU_{10}	华东师范大学	DMU_{18}	浙江大学
DMU_3	大连理工大学	DMU_{11}	南京大学	DMU_{19}	厦门大学
DMU_4	东北大学	DMU_{12}	东南大学	DMU_{20}	山东大学
DMU_5	复旦大学	DMU_{13}	中国矿业大学	DMU_{21}	中国海洋大学
DMU_6	同济大学	DMU_{14}	河海大学	DMU_{22}	中国石油大学（华东）
DMU_7	上海交通大学	DMU_{15}	江南大学	DMU_{23}	中山大学
DMU_8	华东理工大学	DMU_{16}	南京农业大学	DMU_{24}	华南理工大学

由于统计需要及存在的客观原因，收集的数据需要进行处理才能使用。通过对各指标进行初始数据的搜集整理，采用截面数据进行测算分析，减少其他因素的偶然性影响，增强研究针对性的同时，提高结果的科学性和可信度。参考陈琨对我国高校综合实力的研究以及国内外对高校科技成果转化滞后期的研究，对数据采用滞后一年的处理方法即t＋1年数据描述t年的情况。

6.2 沿海地区教育部直属高校科技成果转化效率静态分析

知识网络视角下对沿海地区教育部直属高校科技成果转化效率进行静态分析需要明晰静态分析模型，选用DEA-BCC模型，通过运行

DEAP-Version2. 1 软件对沿海地区 24 所教育部直属高校 2013—2015 年转化进行静态效率测算分析。根据知识网络视角下高校科技成果转化的阶段划分，从概念实现阶段、成果实现阶段、价值实现阶段三个方面分别对沿海地区教育部直属高校科技成果转化效率进行静态分析总结。

6. 2. 1 DEA-BCC 模型

数据包络分析方法（DEA 方法）是 1978 年由著名运筹学家 Charnes 和 Cooper 在相对效率概念基础上最先提出，它作为一种非参数系统分析方法，所要分析处理的对象是多输入和多输出多目标的决策对象，并把每个被分析处理的对象作为一个决策单元（DMU）即相同性质实体；随后，确定有效的生产边界，方法是测算分析各 DMU 的输入和输出要素的比例；在找到生产前沿边界之后，需要确定的是各 DMU 的相对效率，根据 DMU 与有效生产边界之间的距离的方式。对这些相对效率值进行大小排序，找到有效和非有效的 DMU，并分析 DMU 有效程度及非有效原因，为决策者提供重要决策支持。DEA 方法能够比较客观真实地反映研究对象的相对效率现状，排除了许多主观因素，因为它不需要思考指标的维度和具体权重，不需要明确建立在输入指标与输出指标之间的具体函数。

DEA 方法主要包含两种代表性模型，一种是多应用在多输入多输出且规模报酬恒定的决策单元中的 CCR 综合效率评估模型；另一种是一般应用在研究多输入多输出且规模报酬不恒定的决策单元中的 BCC 综合效率评估模型。两者区别如图 6 - 1 所示：前者表示规模报酬恒定的生产有效边界，后者则表示规模报酬不恒定的生产有效边界。因为沿海地区教育部直属高校的科技成果转化属于多投入多产出且规模报酬可变的活动，因此本文选取 DEA-BCC 模型用于静态实证研究方法。

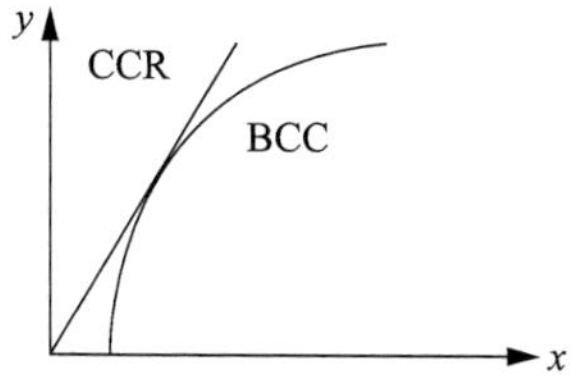

图 6-1 CCR 与 BCC 的区别

设知识网络视角下沿海地区教育部直属高校科技成果转化活动有 n 个包含相同的 m 种输入和 s 种输出的 DMU，且设：DMU_j 的输入输出分别为 $X_j=(x_{1j}, x_{2j},\cdots,x_{mj})^T>0$，$Y_j=(y_{1j},y_{2j},\cdots,y_{sj})^T>0$，引入剩余变量 $S^-=(s_1^-, s_2^-,\cdots,s_m^-)$ 与松弛变量 $S^+=(s_1^+, s_2^+,\cdots,s_r^+)$，$DEA\text{-}BCC$ 模型见式：

$$\begin{cases} min\theta+\varepsilon(e^ts^-+e^ts^+) \\ \sum_{i=1}^{n}\lambda_i x_{ij}+s^-=\theta x_{0j} \\ \sum_{i=1}^{n}\lambda_i y_{ir}-s^+=Y_{0j} \\ \sum_{i=1}^{n}\lambda_i=1,\lambda_i\geqslant 0 \\ s^-\geqslant 0,s^+\geqslant 0 \end{cases} \tag{6-1}$$

式中，$i=1, 2, \cdots, n$；$j=1, 2, \cdots, m$；$r=1, 2, \cdots, s$；x_{ij} 指代第 i 个沿海地区教育部直属高校/年份的第 j 个输入要素；y_{ir} 指代第 i 个沿海地区教育部直属高校/年份的第 r 个输出要素；ε 指代变量非阿基米德无穷小；θ 指代对应效率值，在 DMU_0 指代被测算单元时，那么 θ^0 指代对应 DMU_0 的最优解，伴如下结论：

（1）若 $\theta^0<1$，那么，DMU_0 不为 DEA 有效；

（2）若 $\theta^0=1$，那么，①Y_j 恒定，X_j 可减少的投入 s^{-0}；②X_j 恒定，Y_j 可增加的产出 s^{+0}；总之，DMU_0 为弱 DEA 有效；

（3）若 $\theta^0=1$，$s^{-0}=s^{+0}=0$，那么，DMU_0 为强 DEA 有效。

6.2.2 概念实现阶段静态分析

概念实现阶段是知识网络视角下高校科技成果转化的第一阶段，概念实现阶段静态分析主要从沿海地区教育部直属高校科技成果转化效率值及松弛值两方面进行分析。

（1）知识网络视角下沿海地区教育部直属高校科技成果转化效率值分析

2013—2015 年知识网络视角下沿海地区教育部直属高校科技成果转化概念实现阶段效率值如表 6-2 所示：主要从横向和纵向两个方面进行分析。

表 6-2 2013—2015 年概念实现阶段效率值

	2013 年				2014 年				2015 年			
DMU	crste	vrste	scale		crste	vrste	scale		crste	vrste	scale	
DMU_1	0.286	0.551	0.519	irs	0.392	0.566	0.692	irs	0.584	0.695	0.84	irs
DMU_2	0.336	0.556	0.604	drs	0.42	0.799	0.525	drs	0.499	0.92	0.543	drs
DMU_3	0.395	0.439	0.898	drs	0.426	0.438	0.972	drs	0.393	0.404	0.973	irs
DMU_4	0.318	0.39	0.816	irs	0.535	0.565	0.947	irs	0.451	0.47	0.96	irs
DMU_5	0.426	0.732	0.582	drs	0.543	0.853	0.636	drs	0.482	0.85	0.567	drs
DMU_6	0.401	0.538	0.745	drs	0.362	0.462	0.784	drs	0.534	0.679	0.786	drs
DMU_7	0.442	1	0.442	drs	0.47	1	0.47	drs	0.503	1	0.503	drs
DMU_8	0.422	0.938	0.45	irs	0.46	0.816	0.564	irs	0.602	0.66	0.913	irs
DMU_9	0.69	0.918	0.752	irs	0.865	1	0.865	irs	0.771	1	0.771	irs
DMU_{10}	0.28	0.545	0.514	irs	0.439	0.696	0.631	irs	0.383	0.688	0.557	irs

续表

	2013 年				2014 年				2015 年			
DMU_{11}	0. 466	0. 6	0. 776	drs	0. 527	0. 745	0. 707	drs	0. 609	1	0. 609	drs
DMU_{12}	0. 377	0. 378	0. 996	irs	0. 369	0. 415	0. 889	drs	0. 351	0. 423	0. 829	drs
DMU_{13}	0. 315	0. 555	0. 568	irs	0. 367	0. 585	0. 627	irs	0. 51	0. 757	0. 674	irs
DMU_{14}	0. 926	0. 952	0. 972	irs	1	1	1	—	1	1	1	—
DMU_{15}	1	1	1	—	0. 988	1	0. 988	irs	1	1	1	—
DMU_{16}	0. 523	0. 632	0. 827	irs	0. 697	0. 728	0. 956	irs	0. 468	0. 539	0. 868	irs
DMU_{17}	0. 46	1	0. 46	irs	0. 447	1	0. 447	irs	0. 512	1	0. 512	irs
DMU_{18}	1	1	1	—	0. 385	0. 981	0. 392	drs	0. 356	0. 868	0. 41	drs
DMU_{19}	0. 439	0. 76	0. 578	irs	0. 373	0. 599	0. 623	irs	0. 363	0. 448	0. 812	irs
DMU_{20}	0. 264	0. 296	0. 891	irs	0. 512	0. 642	0. 797	drs	0. 609	0. 852	0. 715	drs
DMU_{21}	0. 635	0. 857	0. 741	irs	1	1	1	—	0. 675	0. 734	0. 92	irs
DMU_{22}	0. 193	0. 356	0. 543	irs	0. 39	0. 478	0. 816	irs	0. 496	0. 599	0. 828	irs
DMU_{23}	0. 365	0. 387	0. 943	irs	0. 395	0. 426	0. 927	irs	0. 25	0. 283	0. 884	irs
DMU_{24}	0. 449	0. 644	0. 697	drs	0. 592	0. 817	0. 724	drs	0. 59	0. 879	0. 671	drs
均值	0. 475	0. 668	0. 721		0. 54	0. 734	0. 749		0. 541	0. 739	0. 756	

注：crste 代表综合效率，vrste 代表技术效率，scale 代表规模效率，irs 代表规模效益递增，drs 代表规模效益递减，–代表规模效益不变。

①横向分析即在相同年份对不同高校的效率值分析。2013 年该阶段综合效率均值只有 0. 475，整体转化效率不佳，表明沿海地区教育部直属高校科技成果转化概念实现阶段不能实现投入的有效产出。所有高校中规模效益递增趋势占 62. 5%，具有较好发展潜力。江南大学和浙江大学达到 DEA 有效状态；南开大学、华东师范大学、山东大学以及中国石油大学（华东）转化综合效率值均不到 0. 3，原因一方面在于这些高校均有较低技术效率值，管理与技术水平达不到转化效率要求，存在大量技术冗余值，另一方面在于这些高校均存在规模效益递增趋势，资金技术扶持适应不了科技成果转化规模效益的发展需要；2014 年综

合效率均值较 2013 年有所上升，达 0.54。河海大学与中国海洋大学达 DEA 有效状态；2014 年浙江大学却因规模效率限制，综合效率降为 0.385，浙江大学应通过获得当地政府的资金支持等方式扩大资金范围，积极取得概念实现阶段效率的突破，浙江大学自身也需要扩宽知识交流的范围并深入地研究科技成果，进而提高在该阶段的效率值。上海交通大学、东华大学、江南大学和中国药科大学在技术效率达到最优情况下，需要通过扩展科研队伍、完备科研设备等方式扩大科研规模；2015 年综合效率均值几乎与 2014 年持平，上海交通大学和中国药科大学扩展了科研规模使整体效率达到新高度，东华大学综合效率值不增反退，南京大学通过提高技术效率达到 DEA 有效状态。

②纵向分析即对同所高校在不同年份的效率值的分析。以沿海地区教育部直属高校科技成果转化概念实现阶段综合效率值为代表进行纵向分析，如图 6－2 所示：

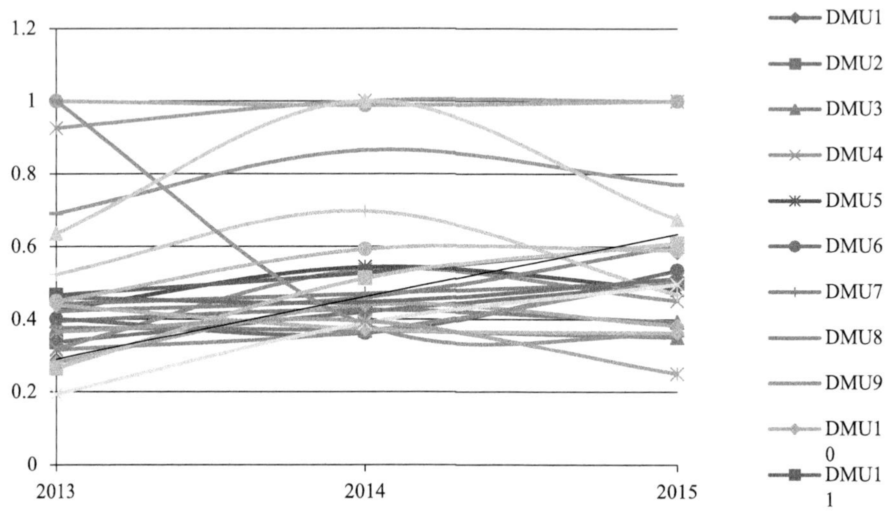

图 6－2　2013—2015 年样本高校概念实现阶段综合效率散点图

37.5% 的沿海地区教育部直属高校的综合效率值逐年上升，其中河海大学和江南大学通过在科技成果转化知识网络中挖掘自身科研潜力，积极高效实现概念产出，使两者一直处于较高的转化效率水平上；东南大学、浙江大学和厦门大学出现了综合效率值逐年下降的状态，尤其是浙江大学从 2013 年 DEA 有效状态降至 2015 年较低的效率值，据数据分析发现浙江大学科研事业的高速发展、科技能力的与日俱增导致科研经费与科研队伍等应接不暇，所以浙江大学应积极适应自身发展的要求及时补充科研硬件软件，以便在概念实现阶段能达到 DEA 有效状态；存在 50% 的高校由于高校管理与技术或者科研规模限制，综合效率上下波动。其中，45.8% 的高校规模效益每年处于递增状态，南开大学、大连理工大学和中国矿业大学在综合效率值逐年上升的情况下，每年规模效益仍呈现递增状态，显示这些高校在科技成果转化概念实现阶段的科研成效与前景；25% 的高校规模效益每年处于递减状态，天津大学、上海交通大学与南京大学在综合效率值逐年上升的情况下，规模效益却呈现递减状态，这些高校在科技成果转化概念实现阶段需要根据实际发展需要适当调整科研规模，改变规模效益递减的趋势，更好地为提高该阶段的综合效率服务。

（2）知识网络视角下沿海地区教育部直属高校科技成果转化松弛值分析

表 6-3　2013—2015 年概念实现阶段松弛值

DMU	2013			2014			2015		
	s_1^-	s_2^-	s_1^+	s_1^-	s_2^-	s_1^+	s_1^-	s_2^-	s_1^+
DMU_1	81.026	0	0	165.375	0	0	165.285	0	0
DMU_2	0	55079.979	0	0	651142.07	0	0	679469.385	0
DMU_3	0	0	0	0	0	0	0	0	0
DMU_4	0	192978.215	0	0	350973.657	208	0	219695.73	0
DMU_5	0	0	0	0	0	0	0	277285.255	0
DMU_6	0	526672.598	0	0	296813.466	0	0	926328.902	0
DMU_7	0	0	0	0	0	0	0	0	0
DMU_8	0	327876.399	0	0	31816.294	2259	0	3294.007	0
DMU_9	0	0	0	0	0	0	0	0	0
DMU_{10}	3.964	0	0	105.543	0	0	0	0	504.343
DMU_{11}	0	0	0	0	0	0	0	0	0
DMU_{12}	0	87602.655	0	0	45247.761	0	0	0	0
DMU_{13}	0	27840.901	0	0	0	0	0	0	0
DMU_{14}	0	118482.872	0	0	0	0	0	0	0
DMU_{15}	0	0	0	0	0	0	0	0	0

续表

	2013			2014			2015		
DMU_{16}	0	0	0	134. 699	0	0	0	0	0
DMU_{17}	0	0	0	0	0	0	0	0	0
DMU_{18}	0	0	0	0	856758. 746	0	0	1110007. 552	0
DMU_{19}	0	185872. 589	0	0	0	1567. 839	0	11380. 064	0
DMU_{20}	0	0	0	1665. 243	0	0	1669. 472	0	0
DMU_{21}	0	176950. 114	0	0	0	0	0	38870. 67	0
DMU_{22}	41. 991	0	0	134. 926	0	0	198. 092	0	0
DMU_{23}	0	0	0	710. 699	0	0	100. 734	0	0
DMU_{24}	0	0	0	0	0	0	0	0	0
均值	5. 291	70806. 513	0	121. 52	93031. 333	168. 118	88. 899	136097. 149	21. 014

注：s_1^- 代表科研与发展人员投入的松弛值，s_2^- 代表科技经费拨入投入的松弛值，s_1^+ 代表所有科研成果产出的松弛值。

①横向分析。2013 年有 50% 的高校不存在科技成果转化概念实现阶段的冗余值，而冗余主要发生在科技经费拨入上，其中，同济大学存在 526672.598 千元科技经费冗余、华东师范大学存在 327876.399 千元科技经费冗余；2014 年新增不存在松弛量的高校有中国矿业大学、河海大学和中国海洋大学，这些高校根据自身在概念实现阶段的科研需求，积极合理改善科研经费投入，实现有效的概念成果。与此同时，南京农业大学、浙江大学、山东大学和中山大学却出现经费、科研人员的冗余，他们应该借鉴 2013 年的经验，量力而行，避免造成人财物的双向浪费。东北大学、华东理工大学和厦门大学出现了产出冗余，即在现有投入基础上产出的冗余科研成果，概念阶段产出只有被运用才能体现其价值，这些高校应根据科技成果转化成果实现阶段的需要进行概念实现阶段的科研活动，以免造成投入资源的浪费；2015 年科研经费拨入松弛逐年上升，其中浙江大学科研经费拨入松弛值竟达 1110007.552 千元，在一定程度上造成资金的较大浪费。国家及地方政府应适当正视相关问题，做到“因材施教”，避免一味地资金填充。

②纵向分析。三年均没有产生松弛的沿海地区教育部直属高校有大连理工大学、上海交通大学、东华大学、南京大学、江南大学、中国药科大学以及华南理工大学，这些高校的投入产出资源配置比较合理，能够符合当前科研活动的高校开展。南开大学和中国石油大学（华东）三年的松弛值均出现在科研与发展人员指标上，高校自身调整人员结构的同时，需要加强与企业的知识关联以便能够培养出更多符合实践需求的科研工作者，政府也需要积极倡导及鼓励沿海地区教育部直属高校科技成果转化概念实现阶段实施及成果的高效实现。

6.2.3 成果实现阶段静态分析

成果实现阶段是知识网络视角下高校科技成果转化的第二阶段，成果实现阶段静态分析从知识网络视角下对沿海地区教育部直属高校科技成果转化效率值及松弛值两方面进行分析。

（1）知识网络视角下沿海地区教育部直属高校科技成果转化效率值分析

表 6-4 2013—2015 年成果实现阶段效率值

	2013 年				2014 年				2015 年			
DMU	crste	vrste	scale		crste	vrste	scale		crste	vrste	scale	
DMU_1	1	1	1	—	1	1	1	—	1	1	1	—
DMU_2	0.729	0.745	0.979	irs	0.859	0.87	0.987	drs	0.655	1	0.655	drs
DMU_3	0.876	1	0.876	drs	1	1	1	—	0.696	1	0.696	drs
DMU_4	0.75	1	0.75	drs	1	1	1	—	1	1	1	—
DMU_5	1	1	1	—	0.738	1	0.738	drs	0.729	1	0.729	drs
DMU_6	0.519	0.64	0.811	drs	0.538	0.657	0.819	drs	0.719	0.832	0.864	drs
DMU_7	1	1	1	—	1	1	1	—	0.723	1	0.723	drs
DMU_8	0.581	1	0.581	irs	0.585	0.912	0.641	irs	0.905	0.91	0.994	drs
DMU_9	0.764	1	0.764	irs	0.987	1	0.987	irs	0.878	1	0.878	irs
DMU_{10}	0.573	0.919	0.623	irs	1	1	1	—	0.636	0.858	0.74	irs
DMU_{11}	0.648	0.799	0.812	drs	0.582	0.813	0.716	drs	0.903	1	0.903	drs
DMU_{12}	0.585	1	0.585	drs	0.595	1	0.595	drs	0.442	0.773	0.573	drs
DMU_{13}	1	1	1	—	1	1	1	—	1	1	1	—
DMU_{14}	1	1	1	—	1	1	1	—	1	1	1	—
DMU_{15}	1	1	1	—	1	1	1	—	1	1	1	—
DMU_{16}	0.703	0.785	0.896	irs	0.833	0.854	0.976	irs	0.576	0.629	0.917	irs
DMU_{17}	1	1	1	—	1	1	1	—	1	1	1	—

续表

	2013年				2014年				2015年			
DMU_{18}	1	1	1	—	0.382	1	0.382	drs	0.457	1	0.457	drs
DMU_{19}	0.939	1	0.939	irs	0.989	1	0.989	irs	0.621	0.643	0.966	irs
DMU_{20}	0.803	0.828	0.97	irs	0.605	0.91	0.665	drs	0.682	0.966	0.706	drs
DMU_{21}	1	1	1	—	1	1	1	—	1	1	1	—
DMU_{22}	0.444	0.614	0.724	irs	0.477	0.499	0.956	irs	0.529	0.63	0.84	irs
DMU_{23}	0.466	0.475	0.98	irs	0.643	0.695	0.925	drs	0.323	0.339	0.952	irs
DMU_{24}	0.57	0.653	0.873	drs	0.587	1	0.587	drs	0.61	1	0.61	drs
均值	0.79	0.894	0.882		0.808	0.925	0.873		0.754	0.899	0.842	

①横向分析。该阶段沿海地区教育部直属高校科技成果转化每年综合效率均值达0.8左右，虽未达DEA有效状态但仍展现出高校在该阶段不俗的成果实现及发展趋势。2013年，南开大学等9所沿海地区教育部直属高校实现DEA有效状态。其中，中国石油大学（华东）、中山大学等高校综合转化效率却不足0.5，主要原因在于较低的技术效率，应积极寻求与转化知识网络各节点的联系，增加与政府、企业、金投机构的节点关联，通过知识交流共享、融合，充分发挥协同作用以逐渐改善较低转化效率的现状；2014年新添大连理工大学与东北大学、复旦大学实现DEA有效状态，其他高校则是因为规模效率所累未能实现DEA有效状态。中国石油大学（华东）保持低成果实现效率，规模提升后技术效率却再次下降，对此该校在继续积极寻求知识网络节点资金支持的同时，应合理配置资源提高高效管理技术水平，达到投入与产出平衡。浙江大学在技术效率达有效状态时再次由于规模所限，综合效率值低至0.382，大量科研经费拨入冗余是原因之一；2015年综合效率值有所收紧。东南大学、浙江大学以及中山大学在成果实现阶段效率不佳，前两者是由于规模效率低，后者受技术所限，前两者根据投入规模

优化产出规模的配置，后者则积极寻求最有资源配置组合的同时加强与知识网络节点之间的紧密关联。

②纵向分析。如图 6－3 所示：

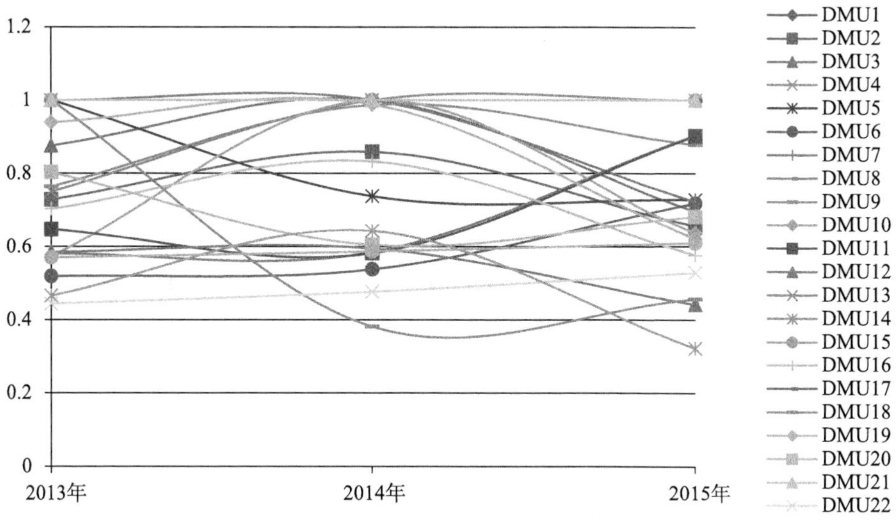

图 6－3　2013—2015 年样本高校成果实现阶段综合效率散点图

南开大学、中国矿业大学、河海大学、江南大学、中国药科大学以及中国海洋大学三年中均实现投入下的有效产出，占总数的 25%。东北大学、同济大学、华东理工大学、中国石油大学（华东）及华南理工大学综合效率值逐年上升，显示这些高校在知识网络视角下沿海地区教育部直属高校科技成果转化阶段效率前景向好。复旦大学、上海交通大学及浙江大学的综合效率值则在三年中逐年下降，尤其是浙江大学在 2014 年猛然下降。大部分高校综合效率都在一定范围高低浮动，这些高校应不断调整自己有效状态的配置。整体而言，在规模效益递增的助力作用下，沿海地区教育部直属高校成果实现阶段展现出较有效的转化水准与不俗的转化潜力。中国石油大学（华东）三年的科技成果转化综合效率值不仅逐年上升，而且规模效益更是显示递增的状态，显示其产出的科技成果效率高的同时科研规模设置也在合理的范围内。东华大学、南京农业大学和厦门大学三年综合效率值上下波动，每年的规模收益显示递增，表明影响这些高校综合效率值的核心因素是技术效率值，应该在保持规模效益递增水平下，提高技术效率水平。同济大学与华南理工大学三年综合效率值递增，规模效益却呈递减的趋势，表明同济大学与华南理工大学有较好的技术效率水平助力高校科技成果转化成果实现阶段，在此基础上也要积极合理地安排扩大科研规模。南京大学与东南大学在该阶段显示出递减规模效益，综合效率值却三年上下波动。

（2）知识网络视角下沿海地区教育部直属高校科技成果转化松弛值分析

①横向分析。2013 年超过半数的高校没有产生松弛量，而冗余主要集中在出版科研著作和专利申请上，数值大小不一，表明投入产出的不平衡性，资源配置的不合理及管理的不规范是造成知识网络视角下沿海地区教育部直属高校科技成果转化成果实现阶段不能达到 DEA 有效状态的重要因素。如同济大学科研经费拨入有 538888.101 千元的冗余，进而使该校综合效率变低。只有山东大学存在 159 人的研究发展全时人员冗余值，应对这些人进行合理的安排或给予相应的投入规模及质量配套。

表 6-5　2013—2015 年成果实现阶段松弛值

	2013年						2014年						2015年					
DMU	s_1^-	s_2^-	s_1^+	s_2^+	s_3^+	s_4^+	s_1^-	s_2^-	s_1^+	s_2^+	s_3^+	s_4^+	s_1^-	s_2^-	s_1^+	s_2^+	s_3^+	s_4^+
DMU_1	0	0	0	0	0	0	0	0	0	0	0	0	0	0	0	0	0	0
DMU_2	0	76774.452	27.4	573.644	0	0	0	759230.781	21.27	0	0	0	0	0	0	0	0	0
DMU_3	0	0	0	0	0	0	0	0	0	0	0	0	0	0	0	0	0	0
DMU_4	0	0	0	0	0	0	0	0	0	0	0	0	0	0	0	0	0	0
DMU_5	0	0	0	0	0	0	0	0	0	0	0	0	0	0	0	0	0	0
DMU_6	0	538888.101	17.597	0	8.243	200.569	0	445352.652	0	0	4.437	0	0	1044071.565	0	0	0	0
DMU_7	0	0	0	0	0	0	0	0	0	0	0	0	0	0	0	0	0	0
DMU_8	0	0	0	0	0	0	0	39898.541	0	1877.694	0	581.605	0	0	0	0	0	569.86
DMU_9	0	0	0	0	0	0	0	0	0	0	0	0	0	0	0	0	0	0
DMU_{10}	0	0	21.301	233.458	0	45.921	0	0	0	0	0	0	0	0	0	461.172	0	217.548
DMU_{11}	0	0	10.344	0	15.139	789.069	0	34054.562	0	0	9.202	0	0	0	0	0	0	0
DMU_{12}	0	0	0	0	0	0	0	0	0	0	0	0	0	0	0	474.796	0	0
DMU_{13}	0	0	0	0	0	0	0	0	0	0	0	0	0	0	0	0	0	0
DMU_{14}	0	0	0	0	0	0	0	0	0	0	0	0	0	0	0	0	0	0
DMU_{15}	0	0	0	0	0	0	0	0	0	0	0	0	0	0	0	0	0	0

续表

	2013年						2014年						2015年					
DMU_{16}	0	0	3.414	0	0	428.013	167.358	0	0	0	5.472	856.575	3.211	0	0	0	2.656	999.917
DMU_{17}	0	0	0	0	0	0	0	0	0	0	0	0	0	0	0	0	0	0
DMU_{18}	0	0	0	0	0	0	0	0	0	0	0	0	0	0	0	0	0	0
DMU_{19}	0	0	0	0	0	0	0	0	0	0	0	0	0	0	0	291.896	0	0
DMU_{20}	158.928	0	15.662	7209.948	0	1640.584	1531.677	0	0	0	11.022	0	1140.181	0	0	0	28.145	206.401
DMU_{21}	0	0	0	0	0	0	0	0	0	0	0	0	0	0	0	0	0	0
DMU_{22}	0	0	8.025	971.345	0	0	75.135	0	3.88	175.853	0	0	141.839	0	0	0	2.201	38.794
DMU_{23}	0	0	10.242	0	1.266	1020.97	806.179	0	0	0	0	581.454	135.482	0	0	0	0	611.829
DMU_{24}	0	0	16.534	0	7.441	0	0	0	0	0	0	0	0	0	0	0	0	0
均值	6.622	25652.606	5.438	374.516	1.337	171.88	107.515	53272.356	1.048	85.564	1.256	84.151	59.196	43502.982	0	51.161	1.375	110.181

注：s_1^- 代表研究与发展全时人员松弛值，s_2^- 代表科研经费拨入松弛值，s_1^+ 代表出版科研著作松弛值，s_2^+ 代表发表学术论文松弛值，s_3^+ 代表验收973和863计划松弛值，s_4^+ 代表专利申请数松弛值。

2014年存在较大投入松弛值，山东大学从上年158.928人的研究与发展全时人员松弛值增加为1531.677人。同济大学科研经费拨入冗余有所减少，但天津大学却出现759230.781千元的科研经费拨入松弛量。投入松弛量的改善需要各高校根据科研需要有计划有节奏地进行人员与财力的供应，还需要与高校科技成果转化知识网络的其他节点进行有效的沟通和有效的分工合作，避免工作的重复以及成果实现质量的不佳。出版科研著作的松弛量有回落，除天津大学和中国石油大学（华东）还存在少量松弛值外，其他高校已不存在冗余，说明这些高校在当年根据实际情况规划了著作指标的范围。就其均值而言，科技经费拨入存在较大松弛量。

2015年科研著作出版量出现零冗余，超过半数高校实现科技成果转化成果实现阶段的零冗余。同济大学继续前两年趋势仍然存在较大金额科研经费拨入的冗余，为1044071.565千元。在科研与发展全时人员松弛量中，山东大学存在较大松弛量，应适当精简结构，使科研与发展全时人员向专业化方向发展。天津大学在2015年实现零松弛量，将2014年759230.781千元的冗余变为零。申请专利产出存在冗余值的高校有：华东师范大学、山东大学和中国石油大学（华东），就整体而言，2015年投入产出各指标松弛值与上年相比都有不同程度的好转，知识网络下成果实现正在曲折中不断向前发展。

②纵向分析。有半数沿海地区教育部直属高校三年均没有产生松弛量。其中，天津大学松弛指标集中在科研经费拨入与出版著作上；大连理工大学集中在科研经费拨入与973和863国家验收计划中；华东理工大学集中在申请专利上；华东师范大学集中在科研经

费拨入与申请专利上；南京大学集中在973和863国家验收计划中；南京农业大学集中在973、863国家验收计划和申请专利上；山东大学集中在研究与发展全时人员，973、863国家验收计划和申请专利上；中国石油大学（华东）集中在出版著作上；中山大学集中在出版专著和申请专利上。其中厦门大学与东南大学只存在一个数据冗余，说明高校发展的稳定性。统观三年24所教育部直属高校，科研经费拨入以及申请专利是知识网络视角下沿海地区教育部直属高校科技成果转化成果实现阶段普遍存在的松弛指标。对于科研经费拨入的冗余，若冗余过多，则可通过扩展科研工作的规模，使研究领域更加完善与透彻，发挥它应有的生产力价值，或将其投入到其他项目，使资金避免闲置；若冗余过少，则需要加大政府对转化项目的支持力度，提高需求企业、金融机构等知识网络其他节点的参与度，高校自身也需要增强科技成果的转化使用价值及转化潜力，使更多的高质量网络节点参与到高校科技成果转化中来。

6.2.4 价值实现阶段静态分析

（1）知识网络视角下沿海地区教育部直属高校科技成果转化效率值分析

知识网络视角下高校科技成果转化的第三阶段价值实现阶段，该阶段是基于前两阶段成果，将沿海地区教育部直属高校科技成果商业化及产业化，实现经济价值、科技价值、人才价值以及知识网络价值的过程，该阶段效率值如表6－6所示：

表 6－6 2013—2015 年价值实现阶段效率值

	2013 年				2014 年				2015 年			
DMU	crste	vrste	scale		crste	vrste	scale		crste	vrste	scale	
DMU_1	0.953	1	0.953	irs	1	1	1	—	1	1	1	—
DMU_2	1	1	1	—	0.956	1	0.956	drs	0.73	0.749	0.974	drs
DMU_3	0.785	0.806	0.974	drs	0.936	0.968	0.967	drs	0.831	0.96	0.866	drs
DMU_4	1	1	1	—	1	1	1	—	1	1	1	—
DMU_5	0.611	1	0.611	drs	1	1	1	—	1	1	1	—
DMU_6	0.682	0.824	0.827	drs	0.592	0.646	0.916	drs	0.874	0.891	0.981	drs
DMU_7	0.748	1	0.748	drs	0.824	1	0.824	drs	1	1	1	—
DMU_8	1	1	1	—	1	1	1	—	1	1	1	—
DMU_9	0.929	1	0.929	irs	0.866	1	0.866	irs	1	1	1	—
DMU_{10}	1	1	1	—	1	1	1	—	1	1	1	—
DMU_{11}	0.7	0.712	0.983	irs	0.787	0.787	1	—	0.76	0.761	0.999	—
DMU_{12}	0.619	0.724	0.855	drs	0.817	1	0.817	drs	0.741	0.749	0.989	drs
DMU_{13}	1	1	1	—	1	1	1	—	1	1	1	—
DMU_{14}	1	1	1	—	1	1	1	—	1	1	1	—
DMU_{15}	1	1	1	—	1	1	1	—	1	1	1	—
DMU_{16}	1	1	1	—	1	1	1	—	1	1	1	—
DMU_{17}	0.88	1	0.88	irs	0.964	1	0.964	irs	1	1	1	—
DMU_{18}	1	1	1	—	0.642	1	0.642	drs	0.949	1	0.949	drs
DMU_{19}	1	1	1	—	0.951	0.951	1	—	0.887	0.888	0.999	drs
DMU_{20}	1	1	1	—	1	1	1	—	1	1	1	—
DMU_{21}	1	1	1	—	1	1	1	—	0.951	1	0.951	irs
DMU_{22}	0.962	0.965	0.997	irs	0.958	0.958	0.999	irs	0.818	0.906	0.903	irs
DMU_{23}	0.697	0.698	0.998	irs	0.651	0.662	0.983	irs	1	1	1	—
DMU_{24}	0.46	0.463	0.993	drs	0.525	0.526	0.998	drs	0.641	0.889	0.721	drs
均值	0.876	0.925	0.948		0.895	0.937	0.955		0.924	0.95	0.972	

①横向分析。该阶段每年的综合效率均值分别为 0.876、0.895、

0.924，均未达到dea有效状态但处于较高的水准，展现3年高校科技成果转化价值实现阶段整体实现有效产出。2013年综合效率均值是0.876，华南理工大学的综合效率值为0.46，该校较低综合效率值是由较低的技术效率值所致，应积极优化资源配置，改善资金人员结构；2014年，天津大学、上海交通大学、东华大学、东南大学、中国药科大学三年综合效率值有所上升，达0.54，但仍需要加大努力朝着DEA有效状态发展。河海大学与中国海洋大学达到DEA有效状态。2013年达到DEA有效状态的浙江大学，2014年却由于规模效率限制导致综合效率仅有0.385，浙江大学应加大资金投入以及获得当地政府的资金支持，积极取得价值实现阶段的突破。上海交通大学、东华大学、江南大学和中国药科大学在技术效率达到有效状态下，需要扩大研发规模与科研队伍规模。2015年与2014年的综合效率均值几乎持平，上海交通大学和中国药科大学扩大了科研规模，但东华大学却不增反退，南京大学在2014年技术效率0.745的基础上，升至有效水平，是提高技术效率所致。

②纵向分析。如图6-4所示，33%的教育部直属高校三年在该阶段综合效率均达到DEA有效状态。另有3%的高校在综合效率值上下波动，表明这些高校没有具备规范的科技成果转化流程以及转化知识网络之间协同作用的不默契。大多高校整体在不错的综合效率水平上，只有华南理工大学综合效率值在较低水平上，却又有上升的趋势，表明华南理工大学在该阶段能够很好地完成价值实现的需要。南开大学、复旦大学、上海交通大学、中国药科大学和华南理工大学综合效率值逐年上升，其中前四所高校在较高综合效率水平上逐年上升，华南理工大学需要调动人才与机构设置，寻求高校科技成果转化知识网络其他节点的协

同参与以及相互的借鉴支持以提高转化综合效率。天津大学、厦门大学、中国海洋大学与中国石油大学（华东）综合效率值逐年下降，其中天津大学在2015年下降剧烈，应在2015年的科研规模的基础上，扩大规模，增加各方资金支持。中国石油大学（华东）三年均处在规模效益递增状态下，但是综合效率值逐年下降，说明其管理能力及技术水平对科技成果转化具有阻碍作用。大连理工大学、同济大学、东南大学与华南理工大学规模效益三年处在递减状态，其中华南理工大学综合效率值三年逐年上升，显然其技术效率在这期间对综合效率提升具有助力作用，其余三所高校综合效率值则呈现上下浮动的状态。

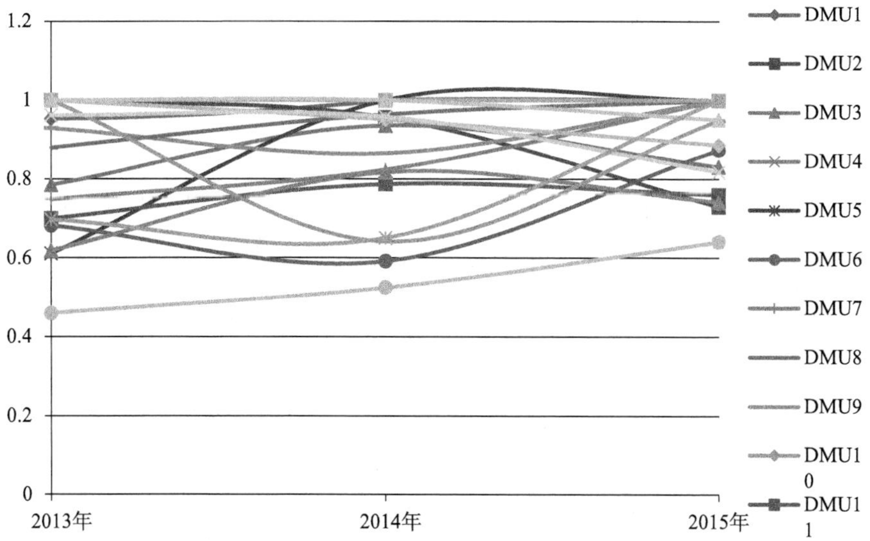

图6-4　2013—2015年各高校价值实现阶段综合效率散点图

（2）知识网络视角下沿海地区教育部直属高校科技成果转化松弛值分析

表 6-7　2013—2015 年价值实现阶段松弛值

	2013年								2014年								2015年							
DMU	s_1^-	s_2^-	s_3^-	s_4^-	s_1^+	s_2^+	s_3^+	s_4^+	s_1^-	s_2^-	s_3^-	s_4^-	s_1^+	s_2^+	s_3^+	s_4^+	s_1^-	s_2^-	s_3^-	s_4^-	s_1^+	s_2^+	s_3^+	s_4^+
DMU_1	0	0	0	0	0	0	0	0	0	0	0	0	0	0	0	0	0	0	0	0	0	0	0	0
DMU_2	0	0	0	0	0	0	0	0	0	0	0	0	0	0	0	0	0	0	653.189	994329.305	0	0	1.787	90.418
DMU_3	109.503	0	73.926	0	0	0	0	0	0	0	0	133843.11	0	0	0	1111.57	0	0	0	0	37.455	16.427	0	3370.563
DMU_4	0	0	0	0	0	0	0	0	0	0	0	0	0	0	0	0	0	0	0	0	0	0	0	0
DMU_5	0	0	0	0	0	0	0	0	0	0	0	0	0	0	0	0	0	0	0	0	0	0	0	0
DMU_6	78.841	653.081	0	321903.79	0	0	5.066	0	0	83.081	0	116007.51	0	0	0	0	0	874.028	0	605407.573	0	0	0	337.461
DMU_7	0	0	0	0	0	0	0	0	0	0	0	0	0	0	0	0	0	0	0	0	0	0	0	0
DMU_8	0	0	0	0	0	0	0	0	0	0	0	0	0	0	0	0	0	0	0	0	0	0	0	0
DMU_9	0	0	0	0	0	0	0	0	0	0	0	0	0	0	0	0	0	0	0	0	0	0	0	0
DMU_{10}	0	0	0	0	0	0	0	0	0	0	0	0	0	0	0	0	0	0	0	0	0	0	0	0
DMU_{11}	0	0	0	226251.61	0	0	9.677	0	0	0	118.46	402610.11	0	9.73	0	729.868	0	0	0	314239.045	0	0	0	0
DMU_{12}	275.856	87.58	0	156983.92	0	0	0	399.051	0	0	0	0	0	0	0	0	0	0	320.366	131447.984	0	0	3.748	1378.235
DMU_{13}	0	0	0	0	0	0	0	0	0	0	0	0	0	0	0	0	0	0	0	0	0	0	0	0
DMU_{14}	0	0	0	0	0	0	0	0	0	0	0	0	0	0	0	0	0	0	0	0	0	0	0	0
DMU_{15}	0	0	0	0	0	0	0	0	0	0	0	0	0	0	0	0	0	0	0	0	0	0	0	0

续表

	2013年								2014年								2015年							
DMU_{16}	0	0	0	0	0	0	0	0	0	0	0	0	0	0	0	0	0	0	0	0	0	0	0	0
DMU_{17}	0	0	0	0	0	0	0	0	0	0	0	0	0	0	0	0	0	0	0	0	0	0	0	0
DMU_{18}	0	0	0	0	0	0	0	0	0	0	0	0	0	0	0	0	0	0	0	0	0	0	0	0
DMU_{19}	0	0	0	0	0	0	0	0	0	0	197.727	95499.651	0	3.115	0	1323.3	0	0	0	227614.129	0	0	4.343	356.488
DMU_{20}	0	0	0	0	0	0	0	0	0	0	0	0	0	0	0	0	0	0	0	0	0	0	0	0
DMU_{21}	0	0	0	0	0	0	0	0	0	0	0	0	0	0	0	0	0	0	0	0	0	0	0	0
DMU_{22}	0	18.621	0	0	89.192	12.702	0	293.812	0	0	105.224	0	157.345	0	0	1416.14	0	0	23.49	0	0	0	10.204	1319.856
DMU_{23}	6.352	84.691	0	0	0	0	0	519.563	0	51.293	0	0	0	0	0	1916.69	0	0	0	0	0	0	0	0
DMU_{24}	0	59.061	0	0	0	9.179	0	1344.32	72.504	0	0	0	0	0	0.025	48.104	0	557.535	573.365	0	0	17.155	0	2448.226
均值	19.606	37.626	3.08	29380.805	3.716	0.912	0.614	106.531	3.021	5.599	17.559	3165.016	6.556	0.535	0.001	272.736	0	59.648	65.434	94709.918	1.561	1.399	0.837	387.552

注：s_1^- 代表 R&D 成果应用及科技服务全时人员松弛值，s_2^- 代表 R&D 成果应用及科技服务项目松弛值，s_3^- 代表专利申请松弛值，s_4^- 代表科技经费拨入松弛值，s_1^+ 代表 R&D 成果应用及科技服务项目在读研究生松弛值，s_2^+ 代表国际科技交流国际学术会议举办数松弛值，s_3^+ 代表科技成果获奖松弛值，s_4^+ 代表专利出售当年实际收入松弛值。

①横向分析。2013 年投入松弛指标主要体现在 R&D 成果应用及科技服务全时人员与 R&D 成果应用及科技服务项目上，其中科技经费拨入松弛值比较大，尤其是同济大学松弛值高达 321903.792 千元，造成资金资源不能在科技成果转化知识网络中被充分利用。产出松弛值主要集中在专利出售当年实际收入指标上，现有资源投入与最佳前沿存在差距。超半数的教育部直属高校 2013 年整年没有发生松弛值，表明沿海地区教育部直属高校在 2013 年整体有较好的价值实现，与高校科技成果转化知识网络的各节点的通力合作是分不开的，对周边地区高校的发展也有借鉴作用。

2014 年松弛出现在科技经费拨入与专利出售当年实际收入两个指标上。其中，R&D 成果应用及科技服务全时人员、R&D 成果应用及科技服务项目、科技经费拨入、国际科技交流国际学术会议举办数、科技成果获奖指标都较上年有所提升。17 所教育部直属高校在 2014 年有两个以上指标没有发生冗余值，整体比 2013 年价值实现的冗余结构完善。

2015 年没产生冗余值的教育部直属高校数量与 2014 年几乎持平，但综观高校各指标的松弛均值，多数指标却有上升的趋势。天津大学与东南大学在 2014 年没有发生松弛值的情况下，在 2015 年却在专利申请以及科技经费拨入上出现冗余值，前者分别为 653.189 项、994329.305 千元，后者分别为 320.366 项、131447.984 千元。还有中山大学，2014 年在投入产出都存在冗余的情况下，2015 年没有松弛值发生。

②纵向分析。南开大学等 15 所高校在三年中没有发生松弛值，展现了在知识网络视角下沿海地区教育部直属高校科技成果转化价值实现的整体优性。其中，天津大学在 2015 年发生冗余值；东南大学 2014 年没有松弛值；中山大学 2015 年达有效状态。除此之外，大连理工大学、同济大学、南京大学、中国石油大学（华东）和华南理工大学则每年都存在不同程度的松弛量。通过对科技成果转化价值实现阶段的初步探

讨，沿海地区教育部直属高校科研整体发展趋势较好，但也要加强高校科技成果转化知识网络中的各知识节点通力合作以获取经济价值、科技价值、知识价值以及人才价值。

6.3 沿海地区教育部直属高校科技成果转化效率动态分析

利用 DEA-Malmquist 模型对沿海地区教育部直属高校不同阶段的动态效率值的分析，是继静态分析后的分析，采用这种动静结合分析增加研究的客观性和科学性。

6.3.1 DEA-Malmquist 模型

Fare 等人定义的 Malmquist 指数在这里被用作研究分析知识网络视角下沿海地区教育部直属高校科技成果转化的动态效率。Malmquist 指数的公式如下：

$$M(X^{t+1},Y^{t+1},X^t,Y^t)=\left[\frac{D^{t+1}(X^{t+1},Y^{t+1}\mid CRS)}{D^{t+1}(X^t,Y^t\mid CRS)}\cdot\frac{D^t(X^{t+1},Y^{t+1}\mid CRS)}{D^t(X^t,Y^t\mid CRS)}\right]^{\frac{1}{2}} \tag{6-2}$$

其中：$D^t(X^t,Y^t)$和$D^{t+1}(X^{t+1},Y^{t+1})$指代沿海地区教育部直属高校科技成果转化知识网络规模报酬恒定情况下的同年份距离函数，而$D^t(X^t,Y^t)$和$D^{t+1}(X^{t+1},Y^{t+1})$指代不同年份的距离函数。其中，$M(X^{t+1},Y^{t+1},X^t,Y^t)>1$ 指代转化处于效率进步中。Malmquist 指数可以分解如下：

$$M(X^{t+1},Y^{t+1},X^t,Y^t)=\frac{D^{t+1}(X^{t+1},Y^{t+1}\mid CRS)}{D^t(X^t,Y^t\mid CRS)}\cdot\left[\frac{D^t(X^{t+1},Y^{t+1}\mid CRS)}{D^{t+1}(X^{t+1},Y^{t+1}\mid CRS)}\cdot\frac{D^t(X^t,Y^t\mid CRS)}{D^{t+1}(X^t,Y^t\mid CRS)}\right]^{\frac{1}{2}} \tag{6-3}$$

$EC=\frac{D^{t+1}(X^{t+1},Y^{t+1}\mid CRS)}{D^t(X^t,Y^t\mid CRS)}$是技术效率指数，指代沿海地区教育部直属高校科技成果转化与其生产有效边界的靠近程度，如果 $EC>1$ 时，

表明靠近程度大，相对应的沿海地区教育部直属高校科技成果转化的技术效率提高。$TC=[\frac{D^{t}(X^{t+1},Y^{t+1}|CRS)}{D^{t+1}(X^{t+1},Y^{t+1}|CRS)}\cdot\frac{D^{t}(X^{t},Y^{t}|CRS)}{D^{t+1}(X^{t},Y^{t}|CRS)}]^{\frac{1}{2}}$指代技术进步指数，指代沿海地区教育部直属高校科技成果转化生产有效边界自己移动的程度，当 $TC>1$，表明生产技术在进步。

沿海地区教育部直属高校科技成果转化知识网络规模报酬不恒定情况下，则：

$$EC=\frac{D^{t+1}(X^{t+1},Y^{t+1}|VRS)}{D^{t}(X^{t},Y^{t}|VRS)}\cdot[\frac{D^{t+1}(X^{t+1},Y^{t+1}|CRS)}{D^{t+1}(X^{t+1},Y^{t+1}|VRS)}\cdot\frac{D^{t}(X^{t},Y^{t}|VRS)}{D^{t}(X^{t},Y^{t}|CRS)}] \tag{5-4}$$

$PE=\frac{D^{t+1}(X^{t+1},Y^{t+1}|VRS)}{D^{t}(X^{t},Y^{t}|VRS)}$是纯技术效率指数，用来指代沿海地区教育部直属高校科技成果转化知识网络中管理水平及管理能力的变化，如果 $PE>1$，指代其管理水平及管理能力处于进步的状态中；而 $PE<1$，指代管理水平及管理能力处于恶化的状态中，效率有下降趋势。$SE=\frac{D^{t+1}(X^{t+1},Y^{t+1}|CRS)}{D^{t+1}(X^{t+1},Y^{t+1}|VRS)}\cdot\frac{D^{t}(X^{t},Y^{t}|VRS)}{D^{t}(X^{t},Y^{t}|CRS)}$是规模效率指数，当 $SE>1$ 时，指代沿海地区教育部直属高校科技成果转化知识网络的生产规模与最优生产规模很接近。

6.3.2 概念实现阶段动态分析

概念实现阶段是知识网络视角下高校科技成果转化的开始阶段。该阶段 Malmquist 指数可以清晰地动态分析沿海地区教育部直属高校科技成果转化知识网络在这个阶段两个时期间的技术进步变化情况、管理能力与管理水平变化情况以及是否最优生产规模状态的变化情况。知识网络视角下沿海地区教育部直属高校科技成果转化概念实现阶段 Malmquist 指数如表 6－8 所示：

表 6－8 概念实现阶段 Malmquist 指数

	2013 年					2014 年					2015 年				
DMU	effch	techch	pech	sech	tfpch	effch	techch	pech	sech	tfpch	effch	techch	pech	sech	tfpch
DMU_1	0. 702	1. 235	1. 016	0. 69	0. 867	1. 37	0. 692	1. 028	1. 333	0. 948	1. 49	0. 983	1. 228	1. 213	1. 464
DMU_2	1. 286	0. 742	1. 93	0. 666	0. 954	1. 248	0. 919	1. 436	0. 869	1. 147	1. 189	1. 023	1. 151	1. 033	1. 216
DMU_3	1. 339	0. 799	1. 35	0. 992	1. 07	1. 08	0. 914	0. 998	1. 082	0. 987	0. 922	1. 016	0. 921	1. 001	0. 937
DMU_4	0. 972	0. 717	0. 946	1. 028	0. 697	1. 681	0. 922	1. 449	1. 16	1. 549	0. 844	1. 023	0. 832	1. 014	0. 863
DMU_5	1. 705	0. 752	2. 136	0. 799	1. 282	1. 275	0. 913	1. 166	1. 094	1. 164	0. 888	1. 018	0. 997	0. 891	0. 904
DMU_6	1. 692	0. 717	2. 082	0. 813	1. 212	0. 902	0. 922	0. 858	1. 052	0. 832	1. 474	1. 023	1. 47	1. 003	1. 508
DMU_7	1. 153	0. 835	1	1. 153	0. 963	1. 063	0. 913	1	1. 063	0. 97	1. 07	1. 011	1	1. 07	1. 082
DMU_8	1. 4	0. 717	1. 176	1. 19	1. 003	1. 088	0. 922	0. 869	1. 252	1. 003	1. 31	1. 023	0. 809	1. 62	1. 341
DMU_9	1. 107	1. 011	1. 064	1. 041	1. 119	1. 253	0. 806	1. 089	1. 15	1. 011	0. 891	0. 983	1	0. 891	0. 876
DMU_{10}	0. 873	1. 098	0. 962	0. 907	0. 958	1. 567	0. 756	1. 276	1. 228	1. 185	0. 873	0. 983	0. 988	0. 883	0. 857
DMU_{11}	1. 161	0. 849	1. 479	0. 785	0. 986	1. 131	0. 911	1. 241	0. 911	1. 03	1. 155	1. 021	1. 342	0. 861	1. 179
DMU_{12}	1. 449	0. 717	1. 167	1. 241	1. 038	0. 979	0. 922	1. 097	0. 892	0. 902	0. 951	1. 023	1. 019	0. 933	0. 973
DMU_{13}	0. 799	0. 827	0. 587	1. 361	0. 661	1. 165	0. 891	1. 055	1. 104	1. 037	1. 39	0. 983	1. 293	1. 075	1. 366
DMU_{14}	1. 193	0. 717	0. 952	1. 253	0. 855	1. 08	0. 913	1. 05	1. 029	0. 987	1	0. 994	1	1	0. 994
DMU_{15}	1	0. 739	1	1	0. 739	0. 988	0. 918	1	0. 988	0. 908	1. 012	1. 026	1	1. 012	1. 039

续表

	2013 年					2014 年					2015 年				
DMU_{16}	1.206	1.093	0.987	1.222	1.318	1.332	0.78	1.153	1.156	1.039	0.671	0.983	0.739	0.908	0.66
DMU_{17}	1.051	1.044	1	1.051	1.098	0.971	0.833	1	0.971	0.809	1.147	1.003	1	1.147	1.15
DMU_{18}	3.102	1.614	1	3.102	5.006	0.385	0.482	0.981	0.392	0.185	0.925	1.024	0.885	1.046	0.948
DMU_{19}	1.35	0.717	0.853	1.583	0.968	0.85	0.919	0.788	1.078	0.781	0.974	1.023	0.747	1.303	0.996
DMU_{20}	0.778	1.503	0.807	0.964	1.169	1.942	0.565	2.169	0.895	1.097	1.188	0.983	1.326	0.896	1.168
DMU_{21}	1.361	0.717	0.931	1.462	0.975	1.575	0.922	1.167	1.349	1.451	0.675	1.023	0.734	0.92	0.691
DMU_{22}	0.969	1.238	0.981	0.988	1.199	2.019	0.705	1.344	1.503	1.423	1.273	0.983	1.255	1.015	1.251
DMU_{23}	1.057	1.163	1.06	0.997	1.229	1.082	0.619	1.101	0.983	0.669	0.633	0.983	0.664	0.953	0.622
DMU_{24}	1.212	0.821	1.427	0.85	0.995	1.316	0.911	1.268	1.038	1.2	0.998	1.015	1.075	0.928	1.013
mean	1.185	0.902	1.11	1.068	1.069	1.168	0.82	1.124	1.039	0.958	1.013	1.006	0.998	1.015	1.019

注：effch 指代技术效率变化指数、techch 指代技术进步指数、pech 指代纯技术效率变化指数、sech 指代规模效率变化指数、tfpch 指代全要素生产率变化指数、表示不变、大于 1 表示变化是积极的、小于 1 表示变化是不积极的，其中 effch = pech * sech，tfpch = effch * techch。

（1）横向分析

2013 年变化情况中有 50% 的沿海地区教育部直属高校全要素生产率变化指数大于 1，表明知识网络视角下样本高校科技成果转化概念实现阶段的绩效总体处于积极变化状态，较上年整体提升 6.9%。根据 tfpch = effch * techch 可知，2013 年沿海地区教育部直属高校的整体科技成果转化绩效改善程度受到来自技术变化指数及技术进步指数的共同影响。在整体科技成果转化绩效呈现改善的 12 所沿海地区教育部直属高校中，相比 2012 年，与生产有效边界的距离有的拉长有的变短，体现出各高校技术效率的变化情况不稳定，时而积极变化时而不积极变化，其中存在 10 所沿海地区教育部直属高校在相同投入下生产前沿面向后移动，体现技术进步发生的不积极变化，而其也没有很靠近生产有效边界。由此可见，技术进步的不积极变化是影响 2013 年教育部直属高校科技成果转化概念实现阶段整体绩效没有呈现积极改善的主要原因，而技术效率指数则是对概念实现阶段科技成果转化绩效改善程度起助力作用的影响因素。根据 effch = pech * sech，高校科技成果转化效率曲线靠近生产有效边界的 18 所沿海地区教育部直属高校中，其知识网络管理能力在积极改善、资金人才资源配置及应用水平变高，而这些教育部直属高校与 2012 年相比却没有达到最优的生产规模的变化趋势。所以，针对 2013 年知识网络视角下沿海地区教育部直属高校科技成果转化概念实现阶段的发展改善情况，应合理扩大科研规模，尽量靠近高校科技成果转化效率的生产前沿面，并在此基础上以积极的态度提高规模效率变化指数，更要顺应技术环境的发展规律，及时掌握前沿科技动态，使技术发展速度与高校科技成果转化速度相匹配。

2014 年沿海地区教育部直属高校科技成果转化的整体全要素生

产率变化指数为 0.958，科技成果转化绩效改善情况为不积极，整体比 2013 年的转化绩效降低 4.2%。虽然如此仍有 13 所高校的科技成果转化绩效得到改善。在科技成果转化绩效呈恶化变化的 11 所高校中所有高校保持投入不变的情况下，生产前沿面较上年向后移动，由此表明2014 年导致全要素生产率不能发生积极变化的原因仍是技术进步变化不能适应沿海地区教育部直属高校科技成果转化发展的步伐。由 effch = pech * sech 可知，沿海地区教育部直属高校科技成果转化管理能力与规模水平的变化情况共同决定其与生产前沿面的靠近程度，由数据分析可见，管理水平及能力不佳且恶化变化是导致沿海地区教育部直属高校技术效率变化指数不能积极变化的主要原因。所以，2014 年沿海地区教育部直属高校科技成果转化该阶段以高校为主要节点的各参与主体的管理才能及整个转化知识网络的资源要素的配置及应用水平的程度是阻碍转化效率不能尽可能地靠近生产前沿面的主要原因，技术进步指数仍是作为常年发生非积极变化的因素所在。

2015 年沿海地区教育部直属高校科技成果转化的整体 tfpch 为 1.019，表明与 2014 年对比，科技成果转化绩效改善的程度为 1.9%，全年整体样本高校科技成果转化概念实现阶段处于绩效积极变化中。根据 tfpch = effch * techch，2015 年所有沿海地区教育部直属高校的科技成果转化效率均没有能够最大程度地贴近生产有效边界，导致存在 50% 的样本高校的科技成果转化绩效在恶化变化中，且所有高校的技术效率变化指数小于 1，说明在前两年的发展下，沿海地区教育部直属高校科技成果转化知识网络整体技术跟进能力发展趋势情况不再是阻碍其达到高效高质效率值的主要因素，反而是各层级高校科技成果转化知识网络的管理能力、资源配置不当等要素跟不上其发展的需求。存在50%的沿海地区教育部直属高校关于科研管理能力及配置能力的发展不能跟进并适应转化实践的发展，说明沿海地区各教育部直属高校在不断修正自身的科研布局以适应发展。

(2) 纵向分析

结合表6-8，通过三年沿海地区教育部直属高校科技成果转化概念实现阶段全要素生产率变化指数为代表分析各高校在不同年份的全要素生产率变化指数分布情况，找出各高校科技成果转化过程中的优劣势，以此针对实际情况进行措施的制定和实施，如图6-5所示：

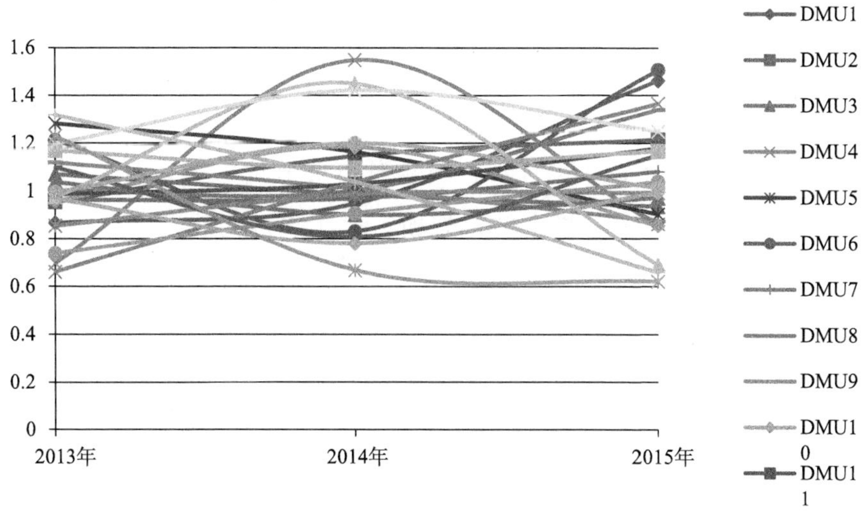

图6-5 2013—2015年各高校概念实现阶段全要素生产率变化指数散点图

在全要素生产率变化指数三年持续增长的8所高校中，天津大学、上海交通大学、华东理工大学、南京大学、中国矿业大学、河海大学和江南大学都伴随着技术进步变化与科技成果转化的进程一致且均呈逐年增加趋势，此原因在很大程度上取决于上述教育部直属高校科技成果转化的绩效改善的程度大小更能影响到其增长程度，其中只有南开大学全要素生产率指数是随着技术效率指数持续增长而增长的。浙江大学2013年全要素生产率指数达5.006，比2012年科技成果转化绩效提升了400.6%，处于高速发展中，2014年的变化情况却猛然跌至较低水平，是技术效率变化指数与技术进步变化指数共同作用的结果。河海大学与厦门大学三年中全要素生产率指数都处于倒退状态，急需根据高校自身实际情况加以改进与完善，而与此相对应的是华东理工大学、山东大学和中国石油大学（华东）三年来处于稳定的进步状态中，在进行高效的高校科技成果转化工作。其他高校在三年中有进有退，有涨有落，处于一个浮动的状态中。整体来看，沿海地区24所教育部直属高校三年平均的全要素生产率指数为1.014，提高了1.4%，还是处在相对稳定的进步状态。高校应加强与转化知识网络中企业节点、政府节点和金融机构等节点的网络节点关联，利用具有市场价值的科技积极吸引更多有实力的节点单位，扩大转化规模，以实现转化效果。

6.3.3 成果实现阶段动态分析

知识网络视角下沿海地区教育部直属高校科技成果转化成果实现阶段Malmquist指数如表5－9所示：

表 6 -9 成果实现阶段 Malmquist 指数

	2013 年					2014 年					2015 年				
DMU	effch	techch	pech	sech	tfpch	effch	techch	pech	sech	tfpch	effch	techch	pech	sech	tfpch
DMU_1	1. 121	1. 388	1. 109	1. 01	1. 556	1	1. 151	1	1	1. 151	1	1. 906	1	1	1. 906
DMU_2	1. 438	0. 776	1. 269	1. 134	1. 116	1. 177	1. 002	1. 168	1. 008	1. 179	0. 763	1. 535	1. 15	0. 663	1. 171
DMU_3	1. 408	0. 95	1. 541	0. 913	1. 337	1. 141	1. 147	1	1. 141	1. 308	0. 696	1. 317	1	0. 696	0. 917
DMU_4	0. 947	0. 869	1	0. 947	0. 823	1. 333	1. 119	1	1. 333	1. 491	1	1. 17	1	1	1. 17
DMU_5	1. 99	0. 983	1	1. 99	1. 957	0. 738	1. 062	1	0. 738	0. 784	0. 988	1. 048	1	0. 988	1. 036
DMU_6	1. 072	0. 756	1. 073	0. 998	0. 81	1. 036	0. 983	1. 026	1. 01	1. 019	1. 336	1. 077	1. 267	1. 055	1. 439
DMU_7	1	0. 754	1	1	0. 754	1	1. 136	1	1	1. 136	0. 723	1. 38	1	0. 723	0. 998
DMU_8	0. 581	0. 748	1	0. 581	0. 434	1. 007	0. 988	0. 912	1. 103	0. 995	1. 547	1. 21	0. 997	1. 552	1. 872
DMU_9	0. 795	1. 176	1	0. 795	0. 935	1. 291	0. 728	1	1. 291	0. 94	0. 89	1. 064	1	0. 89	0. 947
DMU_{10}	0. 691	1. 149	1. 103	0. 626	0. 794	1. 746	1. 225	1. 088	1. 604	2. 139	0. 636	1. 778	0. 858	0. 74	1. 13
DMU_{11}	0. 769	1. 223	0. 811	0. 948	0. 94	0. 898	1. 176	1. 018	0. 882	1. 056	1. 551	0. 854	1. 229	1. 262	1. 324
DMU_{12}	1. 007	0. 839	1	1. 007	0. 845	1. 017	0. 88	1	1. 017	0. 895	0. 744	1. 235	0. 773	0. 962	0. 918
DMU_{13}	1. 746	0. 973	1. 017	1. 716	1. 698	1	0. 737	1	1	0. 737	1	1. 858	1	1	1. 858
DMU_{14}	1	0. 861	1	1	0. 861	1	0. 912	1	1	0. 912	1	0. 937	1	1	0. 937
DMU_{15}	1	0. 725	1	1	0. 725	1	0. 832	1	1	0. 832	1	1. 075	1	1	1. 075

续表

	2013年					2014年					2015年				
DMU_{16}	0.776	1.602	0.842	0.922	1.243	1.184	0.88	1.088	1.089	1.043	0.692	0.931	0.736	0.94	0.645
DMU_{17}	1	1.386	1	1	1.386	1	0.737	1	1	0.737	1	1.369	1	1	1.369
DMU_{18}	1.471	2.404	1	1.471	3.536	0.382	0.528	1	0.382	0.202	1.196	0.95	1	1.196	1.136
DMU_{19}	1.251	0.762	1.023	1.223	0.953	1.054	1.048	1	1.054	1.104	0.628	1.54	0.643	0.976	0.967
DMU_{20}	1.279	1.57	1.198	1.067	2.007	0.754	0.889	1.099	0.686	0.67	1.128	0.93	1.062	1.062	1.049
DMU_{21}	1.078	0.935	1.052	1.024	1.008	1	1.349	1	1	1.349	1	1.193	1	1	1.193
DMU_{22}	0.466	0.801	0.614	0.76	0.374	1.073	0.8	0.812	1.32	0.858	1.111	1.01	1.263	0.88	1.122
DMU_{23}	0.602	1.6	0.475	1.267	0.964	1.38	0.758	1.462	0.944	1.046	0.502	1.081	0.488	1.029	0.543
DMU_{24}	0.876	1.111	0.865	1.012	0.973	1.029	1.091	1.532	0.672	1.122	1.04	1.006	1	1.04	1.046
mean	0.998	1.042	0.978	1.021	1.04	1.018	0.945	1.041	0.978	0.962	0.93	1.195	0.959	0.969	1.111

（1）横向分析

2013 年变化中，存在 8 所教育部直属高校在科技成果转化成果实现阶段的全要素生产率在积极的变化当中。根据 tfpch = effch * techch，在科技成果转化绩效处于非积极变化的 14 所高校中，其中 8 所的全要素生产率变化指数的大小是由其转化效率曲线与生产有效边界的靠近程度决定，而存在 9 所学校则是与技术发展进步程度的高低及能否满足沿海地区教育部直属高校科技成果转化知识网络持续发展的需求有关。东北大学、华东理工大学和中国石油大学（华东）成果实现阶段全要素生产率变化不尽如人意的原因是这些教育部直属高校不仅未能在最大程度上与知识网络转化效率有效边界靠近，技术持续发展进步程度也不能很好地满足其科技成果转化知识网络持续发展的需求。存在 15 所高校技术效率处在积极变化的阶段。根据 effch = pech * sech，技术效率指数小于 1 的 9 所高校中，中山大学与华南理工大学是由于纯技术效率变化指数小于 1 所致，其他 7 所高校均受限于规模效率指数。

2014 年全要素生产率处于积极变化的高校增加 3 所，相对应地在转化绩效没有得到改善的高校有 11 所，根据 tfpch = effch * techch，其中复旦大学的全要素生产率发生的恶化变化是由于知识网络转化效率展现状态没有达到沿海地区教育部直属高校转化有效边界，而且其间距离较大，除复旦大学外的其他教育部直属高校均是由于技术进步的变化跟不上科技成果转化应该具备的科技实力所致。83% 的高校在成果实现阶段的技术效率处于积极变化当中，显示该阶段机构安排、人才配置的合理性。存在复旦大学、南京大学、浙江大学和山东大学科技成果转化效率都不在最优转化效率边界上，且都是由于上述教育部直属高校的科技成果转化规模没有达到最优生产规模。所以，2014 年知识网络视角下沿海地区教育部直属高校在该阶段的科技成果转化效率主要是未根据科研需求配置科研规模至发展最优规模所致。

2015 年全要素生产率积极变化的高校数量继续增加到 16 所。根据 tfpch = effch * techch，在全要素生产率变化指数小于 1 的 6 所教育部直属高校中其效率全部没有达到转化的最优前沿面的水准上，可见技术效率变化指数是阻碍这 6 所沿海地区教育部直属高校成果实现全要素生产率进步变化的主要原因。根据 effch = pech * sech，在技术效率变化指数小于 1 的 10 所高校中，均是由于规模效率变化指数小于 1 所致，其中，华东师范大学、东南大学、南京农业大学和厦门大学纯技术效率变化指数与规模效率变化指数均小于 1。所以，2015 年沿海地区教育部直属高校科技成果转化该阶段的知识网络整体管理水平及管理能力、资源要素的配置及应用均达到可以助力转化活动的水准上。

（2）纵向分析

结合表 6 -9，2013—2015 年知识网络视角下各沿海地区教育部直属高校科技成果转化成果实现阶段全要素生产率变化指数如图 6 -6 所示：

南京大学、天津大学和中国海洋大学三年的全要素生产率变化指数均大于 1，整体绩效逐年正向改善地进行转化工作，其中南京大学与天津大学是技术进步积极变化所引起。东华大学、东南大学和河海大学三年的全要素生产率变化指数均小于 1，无论在技术进步、纯技术效率还是规模效率方面都没有很好地发挥促进作用，其中河海大学三年来一直

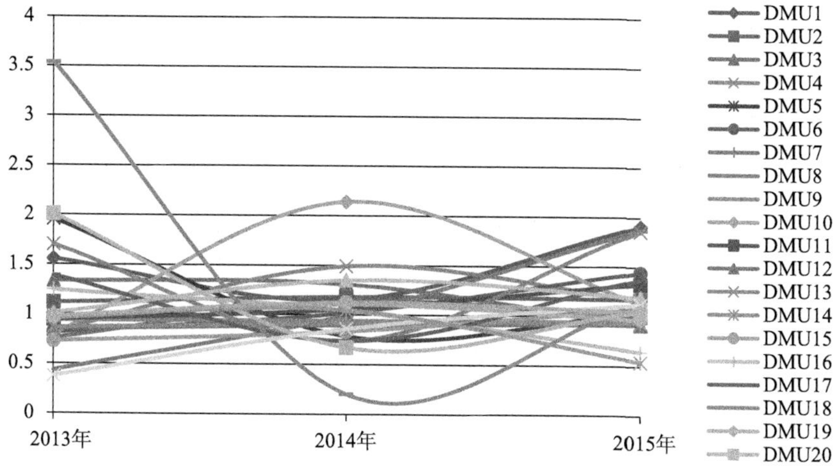

图 6－6　2013—2015 年各高校成果实现阶段全要素生产率变化指数散点图

受技术进步变化的限制。不存在三年来技术效率变化指数均小于 1 的高校，其中，东北大学、同济大学、华东理工大学、华东师范大学、南京大学、江南大学和中国石油大学（华东）都以一个全要素生产率上升的态势进行转化工作，充满着上升的无限潜力。而三年来技术效率变化不变的高校有河海大学、江南大学与中国药科大学。相对应地，三年技术效率变化指数均大于的高校是同济大学。浙江大学发生与概念实现阶段同样的情况，在 2013 年全要素生产效率指数保持在一个较高的水平上，但在 2014 年降了不少，虽 2015 年有上升，但也没有升至 2013 年的水平。

6.3.4　价值实现阶段动态分析

知识网络视角下沿海地区教育部直属高校科技成果转化价值实现阶段 Malmquist 指数如表 6－10 所示：

表 6 – 10　价值实现阶段 Malmquist 指数

	2013 年					2014 年					2015 年				
DMU	effch	techch	pech	sech	tfpch	effch	techch	pech	sech	tfpch	effch	techch	pech	sech	tfpch
DMU_1	0.953	0.693	1	0.953	0.661	1.049	0.875	1	1.049	0.918	1	0.625	1	1	0.625
DMU_2	2.856	1.118	1.988	1.437	3.192	0.956	0.391	1	0.956	0.373	0.764	0.816	0.749	1.019	0.624
DMU_3	1.17	0.88	1.197	0.977	1.029	1.192	0.904	1.201	0.992	1.077	0.888	0.746	0.992	0.895	0.662
DMU_4	1	1.152	1	1	1.152	1	0.752	1	1	0.752	1	0.839	1	1	0.839
DMU_5	1.001	0.841	1	1.001	0.842	1.636	1.074	1	1.636	1.758	1	0.739	1	1	0.739
DMU_6	0.953	0.968	0.905	1.053	0.922	0.869	0.87	0.784	1.108	0.756	1.475	0.815	1.378	1.07	1.202
DMU_7	1.189	0.853	1	1.189	1.014	1.102	0.971	1	1.102	1.07	1.214	0.945	1	1.214	1.147
DMU_8	1	1.104	1	1	1.104	1	0.405	1	1	0.405	1	0.785	1	1	0.785
DMU_9	1.12	1.001	1	1.12	1.121	0.933	0.873	1	0.933	0.815	1.154	1.078	1	1.154	1.244
DMU_{10}	1	0.798	1	1	0.798	1	1.082	1	1	1.082	1	0.57	1	1	0.57
DMU_{11}	0.86	0.971	0.872	0.987	0.835	1.124	0.735	1.105	1.017	0.826	0.966	0.818	0.966	1	0.79
DMU_{12}	1.123	0.788	0.836	1.343	0.885	1.321	0.747	1.381	0.956	0.986	0.907	0.917	0.749	1.211	0.831
DMU_{13}	1	0.712	1	1	0.712	1	0.794	1	1	0.794	1	0.82	1	1	0.82
DMU_{14}	1	0.969	1	1	0.969	1	1.384	1	1	1.384	1	0.351	1	1	0.351
DMU_{15}	1	1.08	1	1	1.08	1	0.769	1	1	0.769	1	0.782	1	1	0.782

续表

	2013 年					2014 年					2015 年				
DMU_{16}	1	0.695	1	1	0.695	1	0.987	1	1	0.987	1	0.958	1	1	0.958
DMU_{17}	1.239	0.771	1	1.239	0.955	1.095	0.519	1	1.095	0.569	1.038	1.768	1	1.038	1.834
DMU_{18}	1.509	1.896	1	1.509	2.86	0.642	0.447	1	0.642	0.287	1.479	0.66	1	1.479	0.977
DMU_{19}	1	0.834	1	1	0.834	0.951	0.749	0.951	1	0.712	0.932	0.845	0.933	0.999	0.787
DMU_{20}	1	1.364	1	1	1.364	1	0.617	1	1	0.617	1	0.717	1	1	0.717
DMU_{21}	1.407	1.211	1	1.407	1.705	1	0.504	1	1	0.504	0.951	0.758	1	0.951	0.722
DMU_{22}	0.962	0.75	0.965	0.997	0.721	0.996	0.774	0.994	1.002	0.771	0.854	0.81	0.946	0.903	0.692
DMU_{23}	1.037	0.96	0.956	1.085	0.996	0.934	0.84	0.948	0.985	0.785	1.536	0.806	1.51	1.018	1.238
DMU_{24}	1.372	0.823	1.31	1.047	1.129	1.142	0.931	1.136	1.005	1.063	1.22	0.731	1.69	0.722	0.892
mean	1.116	0.94	1.027	1.087	1.05	1.026	0.756	1.016	1.01	0.775	1.042	0.791	1.022	1.02	0.824

（1）横向分析

2013 年全要素生产率变化指数均值是 1.05，表明所有沿海地区教育部直属高校 2013 年较 2012 年在转化绩效整体呈积极变化中开展科技成果转化工作。虽然如此，仍有 13 所高校全要素生产率变化指数小于 1，根据 tfpch = effch * techch，其中所有教育部直属高校的科研所需技术水平都没有得到满足且越来越给转化活动带来负面影响，也正因为此，技术恶化趋势成为 2013 年该阶段阻碍全要素产率的积极进步发展的主因。存在 9 所高校技术效率处于不变的发展状态下，另外，南开大学、同济大学、南京大学和中国石油大学（华东）技术效率指数小于 1，根据 effch = pech * sech，其中同济大学、南京大学和中国石油大学（华东）是由纯技术效率变化指数所致，南开大学、南京大学和中国石油大学（华东）是由规模效率变化指数所致。所以，2013 年知识网络视角下样本高校该阶段科技成果转化通过外援及自足方式发展的科研规模满足科研转化需求进而是促进转化效率靠近生产前沿曲线的主动因，另一方面，全要素生产率能否积极变化也与技术进步程度是否适应转化现状及发展趋势有关。

2014 年全要素生产率变化指数均值是 0.775，表明较 2013 年，所有高校在科技成果转化绩效程度呈非积极变化中开展高校科技成果转化工作减少了 22.5%，有 18 所高校全要素生产率变化指数小于 1，而在 18 所高校中，所有教育部直属高校的技术进步指数都小于 1，其中南开大学、南京大学、东南大学和中国药科大学的技术效率与最优生产有效曲线与上年相比存在距离。根据公式可知：effch = pech * sech，和 2013 年相同，2014 年也存在 9 所高校的技术效率指数等于 1。在技术效率指数小于 1 的 7 所高校中，纯技术效率处于不积极变化的状态中，成为阻碍技术效率变化的主要因素。所以，2014 年价值实现阶段沿海地区教育部直属高校科技成果转化知识网络的管理规范程度、管理能力提升程度以及各投入资源要素因地制宜的调配程度能够很好地助力技术效率逐渐向有效状态曲线靠近。

2015 年全要素生产率变化指数均值是 0.824，相比 2014 年，整体科技成果转化绩效下降了 17.6%。全年有 19 所高校全要素生产率变化指数小于 1，而样本高校转化科技成果转化绩效改善的教育部直属高校对应有同济大学、上海交通大学、东华大学、中国药科大学和中山大学。根据 tfpch = effch * techch，所有沿海地区教育部直属高校的科技成果转化急需的科技水平不能满足需求，所展现的技术效率的恶性变化是阻碍 tfpch 发展的主要外部因素，这其中只有浙江大学的技术效率发生着积极的变化。2015 年存在 9 所高校的技术效率指数等于 1，较前两年有所增加。根据 effch = pech * sech，技术效率指数小于 1 的 7 所高校均是纯技术效率指数小于 1 所致。所以，2015 年价值实现阶段纯技术效率变化指数所起作用与 2014 年不同，由于转化知识网络的发展，其中管理水平的不适应进而成为阻碍技术效率变化指数的指标，而技术进步指数负相关于全要素生产率变化指数。

（2）纵向分析

结合表 6 - 9，2013—2015 年知识网络视角下各沿海地区教育部直属高校科技成果转化成果实现阶段全要素生产率变化指数如图 6 - 7 所示：

上海交通大学连续三年的全要素生产率均展现积极进步的变化姿态，且在技术进步变化情况不能满足上海交通大学科技成果转化需求的情况下，技术效率指数三年来均大于 1。南开大学、东南大学、南京大

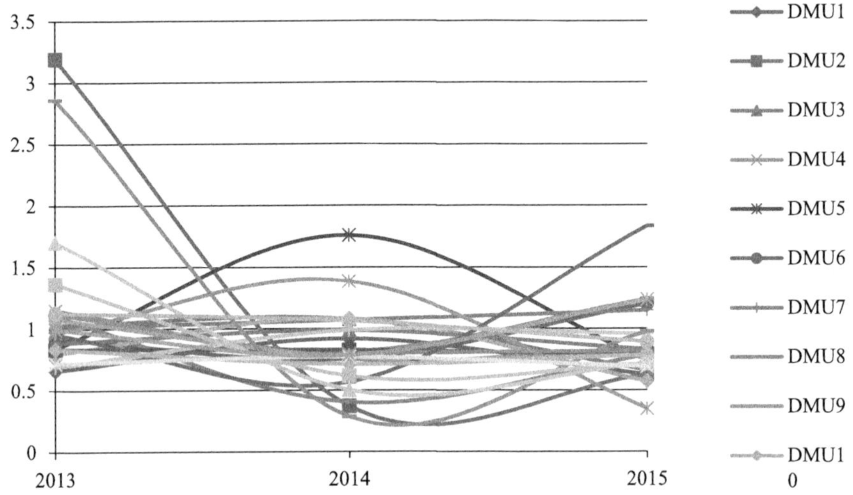

图 6－7　2013—2015 年各高校价值实现阶段全要素生产率变化指数散点图

学、中国矿业大学、南京农业大学、厦门大学和中国石油大学（华东）三年的全要素生产率变化指数均小于 1，无论在技术进步、纯技术效率还是在规模效率方面都没有很好地发挥促进作用，这些高校三年来一直受技术进步变化的限制。三年来技术效率变化指数均等于 1 的高校有东北大学、华东理工大学、中国矿业大学、河海大学、江南大学、南京农业大学和山东大学。中国石油大学（华东）三年来技术效率指数均小于 1，根据数据分析发现是受纯技术效率指数阻碍所致。复旦大学、上海交通大学、中国药科大学和华南理工大学三年来均由于合理科研规模与上述教育部直属高校科技成果转化较契合，使它们在价值实现阶段技术效率呈积极推动变化。

6.4　沿海地区教育部直属高校科技成果转化效率动静综合分析

（1）沿海地区教育部直属高校科技成果转化概念实现阶段综合效

率在整体较低水平上逐年上升且综合效率未达 DEA 有效状态的主要原因是纯技术效率的无效状态；松弛值主要体现在科研经费投入上，高校科技成果产出受限多种因素，存在外部边界，超出边界的科技投入不会产生正向作用。天津大学、东北大学、同济大学和华东理工大学 3 年均存在大量的科技经费投入冗余；东华大学、河海大学以及中国海洋大学在该阶段由于拥有特色学科及专业人才，所以展示出较好整体综合效率，在市场及自身驱动力下创造价值；全要素生产率变化指数整体均值为 1.014，说明高校科技成果转化绩效改善上升 1.4%，其中综合效率的积极变化对此起到重要推动作用。在全要素生产率变化指数持续增长的 8 所高校中，天津大学、上海交通大学、华东理工大学、南京大学、中国矿业大学、河海大学和江南大学都伴随着技术进步的发展情况与这些教育部直属高校科技成果转化的符合程度越来越高。知识网络视角下沿海地区教育部直属高校科技成果转化的第一阶段的高校对知识网络中和节点及相关关系的改善及规范程度、对自身及整个知识网络内部的资源配置及应用水准是助力技术转化效率渐渐靠近生产边界的主因，当然，tfpch 主要受限于技术进步指数。

（2）沿海地区教育部直属高校科技成果转化成果实现阶段综合效率整体维持在 0.8 水平上，如南开大学、中国矿业大学、河海大学、江南大学、中国药科大学和中国海洋大学三年综合效率均达到 DEA 有效状态；该阶段规模效率则成为较大限制综合效率的因素；松弛变量主要体现在 973、863 计划产出和申请专利上。知识网络视角下高校科技成果转化成果实现阶段各节点参与到转化知识网络中的资源规模以及协同创造的知识网络创新能力的发展程度是阻碍沿海地区教育部直属高校技术效率变化指数的主要指标。如南京大学、天津大学和中国海洋大学三年的全要素生产率变化指数均大于1，其中南京大学与天津大学是技术进步积极变化所致。而东北大学、同济大学、华东理工大学、华东师范大学、南京大学、江南大学和中国石油大学（华东）都以一个全要素生产率上升的态势进行转化工作，充满上升的无限潜力。而三年来技术效率变化不变的高校有河海大学、江南大学与中国药科大学。

（3）沿海地区教育部直属高校科技成果转化价值实现阶段综合效率值在技术效率及规模效率不同程度上升的基础上，较前两个阶段有较大提升。21%的高校在三年中均达DEA有效状态不仅展现沿海地区教育部直属高校在价值实现阶段经济价值、人才价值、知识价值、科技价值实现的有效性，同时也表明其在该阶段存在的巨大生产潜力。松弛量集中体现在科技经费的拨入冗余以及实际收入的产出冗余上。沿海地区教育部直属高校在知识网络视角下科技成果转化第三阶段各节点参与到转化知识网络中的资源规模以及协同创造的知识网络创新能力的发展程度可以促进转化技术效率的加快发展，技术进步指数依旧阻碍tfpch发展。如上海交通大学三年受积极的技术效率变化助力基础上全要素生产率变化指数均大于1，南开大学、东南大学、南京大学、中国矿业大学、南京农业大学、厦门大学和中国石油大学（华东）三年的全要素生产率变化指数均小于1。三年来技术效率变化指数均等于1的高校有东北大学、华东理工大学、中国矿业大学、河海大学、江南大学、南京农业大学和山东大学。中国石油大学（华东）三年来技术效率指数均小于1，根据数据分析发现是受纯技术效率指数阻碍所致。复旦大学、上海交通大学、中国药科大学和华南理工大学三年来科技成果转化该阶段均有技术效率呈积极变化且都是由于合理科研规模与上述教育部指数高校科技成果转化较契合，使它们在价值实现阶段技术效率呈积极推动变化。

知识网络视角下沿海地区教育部直属高校科技成果转化的建议对策主要根据静动态分析结论，有针对性地对高校科技成果转化各参与节点提出可实施性方案。

（1）针对沿海地区教育部直属高校科技成果转化概念实现阶段综合效率整体不高、松弛值主要集中在科研经费拨入、管理能力、资源配置水准阻碍综合效率、沿海地区教育部直属高校在该阶段的科技成果转化知识网络的与最优科研规模的距离及技术进步的恶化变化阻碍 tfpch 的现状。高校积极需求政府及投资机构在科技成果转化概念实现的资金支持，高校自身应积极培养科技科人才、提升科技人才整体质量，紧跟科技前沿问题，在该阶段形成多质量多数量的概念模型以此赢得更多的支持；高校改善自身人才配置结构、管理能力以及科研软硬件能力以便能够改善纯技术效率进而提高该阶段沿海地区教育部直属高校的科技成果转化综合效率；技术进步变化情况对概念阶段的影响主要体现到技术进步指数是否能够适应沿海地区教育部直属高校科技成果概念模型的发展的要求，高校应加强彼此之间的知识关联程度，在知识的相互交流共享中，逐渐提高整体技术进步指数进而提高高校的全要素生产率变化指数；高校科技成果转化知识网络概念阶段的规模决定科技成果产出数量的多少以及质量的好坏，高校应根据科技成果转化的需要及时调整其规模，使规模效率变化指数成为促进技术效率变化指数的因素。

（2）针对沿海地区教育部直属高校科技成果转化成果实现阶段松弛值主要集中在 973、863 计划产出和申请专利、规模效率阻碍综合效率、规模效率变化指数阻碍技术效率变化指数及技术进步变化指数阻碍全要素生产率变化指数的现状。该阶段 973、863 计划产出和申请专利的冗余体现沿海地区教育部直属高校一方面对科技成果转化意识的薄弱影响科研成果的质量，使得科技成果的专利申请受限，另一方面没有与企业进行及时沟通，使973、863计划成果不能满足市场需求进而影响产出。高校在采取积极的激励措施提高科技人员的转化意识的同时，加强与企业的知识关联度；在该阶段人员与资金支持是高校进行科技成果转化的基础与前提，而人员与资金的规模决定高校科技成果转化进程是否能够顺利进行，在成果实现阶段高校需要与知识网络各节点增强关联度，及时沟通并获取异性高质量信息并达到经济发展与技术效率相匹配的规模效率，企业节点的技术吸纳能力显著地促进全要素生产率的发展，提高企业技术吸纳能力以及研发能力对于提升企业节点创新驱动发展战略指导下的核心竞争力，进而加强整个沿海地区教育部直属高校科技成果转化知识网络的水准，减少知识交流中的各种机会成本有重要作用；提高该阶段的技术进步指数需要高校、企业与政府等主体的协同合作，促进沿海地区教育部直属高校成果实现阶段的全要素生产率变化指数的上升。

（3）针对沿海地区教育部直属高校科技成果转化价值实现阶段松弛值主要集中在科技经费的拨入以及实际收入、纯技术效率变化指数阻碍技术效率变化指数及技术进步变化指数阻碍全要素生产率变化指数的现状。该阶段科技经费拨入大多产生在渠道成本以及管理成本上，对于高校而言要合理规划资金结构，政府等其他节点也要按需供应，避免资金盲目。实际产出的冗余是指回收利用率没有达到能够与投入相平衡的水平，应结合该阶段价值实现实际情况，积极吸引更具高质量高异质知识的节点参与到知识网络中来，营造多向融洽的沟通环境，扩大转化知识网络规模水平进而提升整个知识网络整体知识质量；高校积极调整资源结构、管理模式使调整后的技术效率能够积极变化进而提高沿海地区教育部直属高校科技成果转化价值实现阶段的技术效率变化指数；高校科技成果转化活动属于知识密集型产业，需要较高且持续进步的技术水平，单一的技术水平绝对值会随着经济的发展以及转化需求的改变而变得不能适应转化活动，只有能够与转化各阶段相适应的技术水平，并随着转化活动的变化而适时调整，才能对整个系统工程产生有益的促进作用。

参 考 文 献

中文文献

[1] 中华人民共和国促进科技成果转化法 [EB/OL]. (2004-11-09). http://www.cutech.ed.cn/cn/zcfg/jssc/webi-nfo/2004/11/1180054674844541.htm.

[2] 阮爱君，卢立伟，方佳音. 知识网络嵌入性对企业创新能力的影响研究——基于组织学习的中介作用 [J]. 财经论丛，2014 (3): 77-84.

[3] 吴伟，时运涛，胡赤弟. 企业创新网络结构与创新绩效关系的实证研究——组织学习的中介作用 [J]. 科技与经济，2015 (4): 41-45.

[4] 赵云辉，崔新健. 双重网络嵌入、知识来源与跨国公司知识转移绩效的关系 [J]. 技术经济，2016 (5): 62-68.

[5] 喻登科，周荣，涂国平. 嵌入社会心理的知识网路结构、行为与绩效关系仿真 [J]. 科技进步与对策，2016 (1): 132-141.

[6] 李柏洲，徐广玉，苏屹. 团队知识转移风险对知识转移绩效的作用路径研究——知识网络的中介作用和团队共享心智模式的调节作用 [J]. 科研管理，2014 (2): 127-135.

[7] 王彦博，任慧. 知识网络与合作网络嵌入式的企业技术创新网

络的解耦研究［J］. 科技管理研究，2016（1）：12－21.

［8］吉敏，胡汉辉. 学习渠道、集群供应链知识网络与企业创新绩效关系研究——来自常州产业集群的实证［J］. 科技进步与对策，2014（18）：73－79.

［9］廖开际，叶东海，吴敏. 组织知识共享网络模型研究——基于知识网络和社会网络［J］. 科学学研究，2011（9）：1356－1364.

［10］丁道韧，陈万明. 知识网络关系特征对创新绩效的作用——考虑远程创新搜索的中介作用［J］. 技术经济与管理研究，2016（5）：31－35.

［11］任志安，毕玲. 网络关系与知识共享：社会网络视角分析［J］. 情报杂志，2007（1）：75－78.

［12］赵健宇，李柏洲，袭希，苏屹. 多任务环节的团队合作知识流动网络研究［J］. 管理工程学报，2016（1）：61－71.

［13］雷志柱，周叶玲. 企业知识网络能力的评价模型［J］. 统计与决策，2015，42（4）：182－184.

［14］吴悦，顾新，王涛. 信任演化视角下知识网络中组织间知识转移机理研究［J］. 科技进步与对策，2014（20）：132－136.

［15］潘玮，王伟，于跃，王俏. 社会网络视角下企业内部隐性知识共享效率的测度方法研究［J］. 情报科学，2014（8）：134－139.

［16］郝敬习，王黎萤，王佳敏. 知识网络嵌入性影响研发团队创造力的作用机理研究［J］. 苏州大学学报（哲学社会科学版），2015（4）：130－137.

［17］汤超颖，黄冬玲. 知识网络与创造力的国内外研究综述［J］. 科学学与科学技术管理，2016（3）：43－49.

[18] 张苗苗. 互联网社交情境下组织内部知识网络特征、个人知识组织化与组织绩效的关系研究 [J]. 经营与管理, 2017 (12): 94 -98.

[19] 段金菊. 基于社会性知识网络的 cMOOC 学习设计 [J]. 电化教育研究, 2017, 38 (11): 49 -55.

[20] 唐承林. 基于知识网络的顾客价值创新研究 [J]. 价值工程, 2016, 35 (05): 1 -4.

[21] 吕萍. 企业所有权、内外部知识网络选择和创新绩效——基于中国 ICT 产业的实证研究 [J]. 科学学研究, 2012 (9): 1428 -1439.

[22] 陈劲, 阳银娟. 外部知识获取与企业创新绩效关系研究综述 [J]. 科技进步与对策, 2014 (1): 156 -160.

[23] 孙笑明, 崔文田, 王乐. 结构洞与企业创新绩效的关系研究综述 [J]. 科学学与科学技术管理, 2014 (11): 142 -152.

[24] 贺德方. 对科技成果及科技成果转化若干基本概念的辨析与思考 [J]. 中国软科学, 2011 (11): 1 -7.

[25] 王桂月. 基于知识管理的高校科技成果转化研究 [D]. 天津大学博士论文, 2009.

[26] 王臣业. 我国高校科技成果运营的模式及绩效评价研究 [D]. 哈尔滨工程大学, 2012.

[27] 陈琨, 李晓轩, 杨国梁. 中外大学技术转移效率比较研究——基于 DEA - Malmquist 方法 [J]. 科学学与科学技术管理, 2014 (07): 98 -106.

[28] 彭定赟, 王士兰. "双创" 形势下高校科技成果转化管理模式研究 [J]. 武汉理工大学学报 (信息与管理工程版), 2016, 38 (06): 730 -734.

[29] 孙泽文，叶敏．高校科技成果转化：过程、方式与制约因素［J］．广西社会科学，2012（12）：164－168.

[30] 翟天任，李源．高校科技成果转化的协同管理路径研究［J］．科技进步与对策，2012，29（22）：44－47.

[31] 胡罡，章向宏，刘薇薇，胡丹．地方研究院：高校科技成果转化模式新探索［J］．研究与发展管理，2014，26（03）：122－128.

[32] 徐晨，邵云飞．基于 DEA 的科技成果转化绩效评价研究［J］．电子科技，2010（7）：58－61.

[33] 廖述梅，徐升华．我国校企技术转移效率及影响因素分析［J］．科学学与科学技术管理，2009，（11）：52－56.

[34] 刘勇，应洪斌，蒋芬君．中国高校科技创新能力比较——基于华东地区高校的实证研究［J］．研究与发展管理，2014（05）：113－119.

[35] 林江，周少君，黄亮雄．区域合作与科技成果转化效率——基于“泛珠三角”区域框架的实证分析［J］．财经研究，2011，12：129－139.

[36] 贺京同，冯尧．中国高技术产业科技成果转化效率的实证研究——基于 DEA－Malmquist 指数方法［J］．云南社会科学，2011，04：92－97.

[37] 冯尧．基于 DEA 方法的我国高技术产业科技成果转化效率研究［J］．学术交流，2013（3）：101－105.

[38] 陈伟，康鑫，冯志军．基于 GEM－DEA 模型的区域高技术企业科技成果转化效率评价研究［J］．软科学，2011：23－26.

[39] 杨宏进，刘立群．基于三阶段 DEA 的高校科技创新绩效研究［J］．科技管理研究，2011（9）：104－107.

[40] 杨秀华，俞培果．我国高校科技成果转化效率研究——基于DEA方法的实证分析［J］．特区经济，2014（03）：209－210.

[41] 宋慧勇．基于DEA的地方高校科技成果转化效率实证分析［J］．江苏科技信息，2015（15）：1－4.

[42] 周荣，涂国平，喻登科．高校科技成果转化团队知识网络的结构、行为及其演化分析［J］．中国科技论坛，2013（11）：79－84.

[43] 周荣，喻登科，涂国平．基于社会网络分析的高校科技成果转化团队知识网络研究——以南昌大学江风益团队为例［J］．技术经济，2013，32（10）.

[44] 周荣，喻登科，涂国平．高校科技成果转化团队知识网络形成机理与运行模式［J］．科技进步与对策，2015，32（4）．117－123.

[45] 谷德斌，尹航，杨贵彬．高校科技成果转化驱动模式研究［J］．科技进步与对策，2012，29（13）：24－28.

[46] 郭强，夏向阳，赵莉．高校科技成果转化影响因素及对策研究［J］．科技进步与对策，2012，29（06）：151－153.

[47] 赵蓉英．论知识网络的结构［J］．图书情报工作，2007（09）：6－10.

[48] 应力，钱省三．知识管理的内涵［J］．科学学研究，2001（01）：64－69.

[49] 詹勇飞，和金生．基于知识整合的知识网络研究［J］．研究与发展管理，2009，21（03）：28－32＋49.

[50] 马德辉，包昌火．论企业知识网络能力的培育［J］．情报理论与实践，2008，31（1）：65－69.

[51] 孙建华．企业内外部知识网络管理体系研究［J］．工业技术

经济，. 2007（03）：117 – 119.

［52］沈立新，陈燕，崔春雷，刘树勇．基于知识网络的虚拟物流企业的运行机制［J］．科技管理研究，2005（05）：110 – 112.

［53］赫尔曼·哈肯．协同学［M］．上海：上海译文出版社，2013（4）213 – 214.

［54］杜栋．协同管理系统［M］．北京：清华大学出版社，. 2008（1）58 – 59.

［55］赵昌平，王方华，葛卫华．战略联盟形成的协同机制研究［J］．上海交通大学学报，2004（03）：417 – 421.

［56］金碚．产业组织经济学［M］．北京：经济管理出版社，1999.

［57］余东华，于华阳．反行政性垄断与促进竞争政策研究新进展—“转轨经济中的反行政性垄断与促进竞争政策”国际研讨会观点综述［J］．中国工业经济，2008（2）：141 – 148.

［58］杨永忠，雷琼．提升竞争力的产业制度及其传导：基于 ISCP 分析框［J］．云南财经大学学报，2008（1）：38 – 44.

［59］粟进．科技型中小企业技术创新驱动因素的探索性研究［D］．南开大学，2014.

［60］宁烨，樊治平．知识能力的内涵与特征研究［J］．科学学与科学技术管理，2008，29（5）：80 – 85.

［61］徐可，张慧颖，王瑞．知识管理过程对产品创新的影响研究——基于中国背景的调节效应模型［J］．山西财经大学学报，2013，35（8）：66 – 75.

［62］柳卸林．技术创新经济学．第 2 版［M］．清华大学出版

社，2014.

［63］韩景元，杨忠敏，李荣平，等．企业技术创新能力评价的理论、指标与方法［J］．河北科技大学学报，2002，23（3）：90－94.

［64］石书德．企业技术创新能力评价研究评述［J］．科技管理研究，2013，33（10）：13－16.

［65］吴丹．高技术企业成长绩效评价体系研究［J］．工业技术经济，2015，34（02）：15－26.

［66］远德玉，董中保，常向东．企业技术创新能力的综合评价和动态分析方法［J］．科学管理研究，1994（2）：50－52.

［67］杨宏进．企业技术创新能力评价指标的实证分析［J］．统计研究，1998，15（1）：53－58.

［68］郑春东，和金生．一种企业技术创新能力评价的新方法［J］．科技管理研究，2000（3）：41－44.

［69］吕一博，苏敬勤．基于创新过程的中小企业创新能力评价研究［J］．管理学报，2009，6（3）：331.

［70］罗洪云，张庆普．知识管理视角下新创科技型小企业突破性技术创新过程研究［J］．科学学与科学技术管理，2015（3）：143－151.

［71］陈力田，赵晓庆，魏致善．企业创新能力的内涵及其演变：一个系统化的文献综述［J］．科技进步与对策，2012，29（14）：154－160.

［72］李艳，赵新力，齐中英．基于技术竞争情报和组织学习提升企业技术创新能力［J］．科学管理研究，2010，28（3）：16－19.

［73］许雅婷，鲁菊红．基于 SEM 的科技型中小企业技术创新能力评价［J］．财务与金融，2017（5）：74－79.

［74］陈战波，朱喜安．科技型中小企业持续创新能力评价体系研

究［J］. 技术经济与管理研究，2015（3）：32－36.

［75］朱霞，朱永跃. 基于小波神经网络的企业技术创新能力评价［J］. 统计与决策，2012（1）：172－174.

［76］苗旺，赵炳新. 认知视角的中小企业技术创新能力评价研究［J］. 现代管理科学，2011（4）：19－21.

［77］彭灿，张洪杰，董大壮. 苏、浙、沪三省（市）中小企业技术创新能力的评价与比较研究［J］. 现代管理科学，2013（10）.

［78］柳飞红，谢筱玲. 基于过程模型的企业技术创新能力评价研究［J］. 工业技术经济，2010，29（6）：132－135.

［79］曹文才，单汨源，李果. 基于DFQFD模型的科技型中小企业可持续创新能力评价体系研究［J］. 科技与经济，2013（6）：36－40.

［80］肖海莲，覃嘉敏. 基于异质性的创新能力评价研究——以广东省高新技术企业为例［J］. 科技管理研究，2018（4）：1－8.

［81］汪志波. 基于AHP－灰色关联度模型的企业技术创新能力评价［J］. 统计与决策，2013（4）：51－53.

［82］郭彩云，刘志强. 基于AHP－MTA的科技型中小企业自主创新能力评价［J］. 企业经济，2013（7）：79－82.

［83］白杨敏，彭语冰，崔婷. 基于AHP－DEA模型的企业技术创新能力评价［J］. 统计与决策，2015（12）：169－171.

［84］李玥，张雨婷，郭航，等. 知识整合视角下企业技术创新能力评价［J］. 科技进步与对策，2017，34（1）：131－135.

［85］李素英，王贝贝，冯雯. 基于AHP－BP的科技型中小企业创新能力评价研究—以京津冀创业板上市公司数据为样本［J］. 会计之友，2017（24）：60－64.

［86］李菽林．基于支持向量机的物流企业绿色创新能力评价［J］．系统工程，2013，31（02）：100－105.

［87］毕克新，王筱，高巍．基于VIKOR法的科技型中小企业自主创新能力评价研究［J］．科技进步与对策，2011，28（1）：113－119.

［88］余光胜．一种全新的企业理论（上）——企业知识理论［J］．外国经济与管理，2000，22（2）：10－13.

［89］余光胜．企业知识理论导向下的知识管理研究新进展［J］．研究与发展管理，2005，17（3）：70－76.

［90］徐元俊．科技文化建设：提升高职院校“软实力”的新理念［J］．科学管理研究，2012，30（4）：19－22.

［91］陈恒，徐睿姝，付振通．企业技术创新能力与知识管理能力耦合评价研究［J］．经济经纬，2014，31（1）：101－106.

［92］王娟．基于知识管理的中小企业竞争力提升探究［J］．财会通讯，2015（5）：75－77.

［93］徐巧玲．知识管理能力对企业技术创新绩效的影响［J］．科技进步与对策，2013，30（2）：84－87.

［94］曾德明，周涛．企业知识基础结构与技术创新绩效关系研究——知识元素间关系维度新视角［J］．科学学与科学技术管理，2015，36（10）：80－88.

［95］夏训嘉，廖馨．企业知识管理与技术创新问题研究［J］．经济纵横，2011（8）：116－119.

［96］侯海燕，李丽君．科技型中小企业技术创新导入知识管理的路径［J］．财会通讯，2017（11）：72－75.

［97］来春蕾．上海市科技型中小企业技术创新能力研究［D］．硕

士学位论文，东华大学，2013.

[98] 戴园园，梅强，查颖冬．高新技术中小企业创新战略研究——开放式创新与自主创新交互作用机制研究［J］．科技与经济，2012，25（6）：27－31.

[99] 陆晓梅．科技型中小企业技术创新模式与对策研究［D］．复旦大学，2009.

[100] 李艳．科技型中小企业知识吸收能力与创新绩效关系研究［D］．中南大学，2009.

[101] 吴岩．基于主成分分析法的科技型中小企业技术创新能力的影响因素研究［J］．科技管理研究，2013，33（14）：108－112.

[102] 蔡建峰，王鼎周，夏炜．不同创新策略对企业竞争优势的影响分析及仿真研究［J］．科技管理研究，2009（6）：13－16.

[103] 胡继华．论企业技术创新能力的构成要素及其形成机制［J］．江苏商论，2010（7）：133－135.

[104] 姜兴，赵涛．企业技术创新能力内生增长模型研究［J］．经济经纬，2010（5）：82－85.

[105] 胡晓瑾，解学梅．基于协同理念的区域技术创新能力评价指标体系研究［J］．科技进步与对策，2010，27（2）：101－104.

[106] 蔡铎，李丽君．企业技术创新能力生成机理的研究［J］．中小企业管理与科技旬刊，2011（1）：21－23.

[107] 陈云，谭淳方，俞立．科技型中小企业技术创新能力评价指标体系研究［J］．科技进步与对策，2012，29（2）：110－112.

[108] 朱勇萍，陈继祥．科技型中小企业创新能力评估指标体系研究［J］．上海管理科学，2007，29（2）：163－166.

[109] 彭纪生，刘伯军. 技术创新理论探源及本质界定 [J]. 科技进步与对策，2002，19 (12)：101 - 103.

[110] 毛凯军. 技术创新：理论回顾与探讨 [J]. 科学学与科学技术管理，2005，26 (10)：55 - 59.

[111] 张凤海，侯铁珊. 技术创新理论述评 [J]. 东北大学学报 (社会科学版)，2008，10 (2)：101 - 105.

[112] 顾乃康. 现代企业理论的新发展：企业知识理论 [J]. 经济学动态，1997 (11)：55 - 58.

[113] 王钦，黄群慧. 企业管理学研究前沿：知识来源、具体问题与判断标准——关于企业管理学研究前沿问题的问卷调查分析 [J]. 经济管理，2004 (3)：35 - 37.

[114] 胡秋梅. 企业知识管理理论研究述评 [J]. 科学管理研究，2011，29 (1)：73 - 78.

[115] 乔治·旺·科鲁夫，IkujiroNonaka，ToshihiroNishiguchi，等. 知识创新：价值的源泉 [M]. 经济管理出版社，2003.

[116] 竹内弘高. 知识创造的螺旋——知识管理理论与案例研究 [M]. 知识产权出版社，2006.

[117] 罗彪，梁樑. 组织学习理论与实施模型 [J]. 研究与发展管理，2003，15 (4)：7 - 13.

[118] 姚哲晖，胡汉辉，YAOZhe - hui，等. 知识演化和创新的 SECI 模型之改进研究 [J]. 中国软科学，2007 (9)：118 - 124.

[119] 邓聚龙. 灰色系统：社会、经济 [M]. 国防工业出版社，1985.

[120] 邓聚龙. 灰色控制系统 [M]. 华中工学院出版社，1993.

［121］刘思峰．灰色系统理论的产生与发展［J］．南京航空航天大学学报，2004，36（2）：267－272.

［122］胡笙煌．主观指标评价的多层次灰色评价法［J］．系统工程理论与实践，1996，16（1）：12－20.

［123］党兴华，李莉．技术创新合作中基于知识位势的知识创造模型研究［J］．中国软科学，2005（11）：143－148.

［124］郑春东，和金生．企业技术创新能力评价研究［J］．中国软科学，1999（10）：108－110.

［125］张米尔，杨阿猛．基于技术集成的产品创新和产品衍生研究［J］．科研管理，2005（1）：36－41.

［126］张米尔，杨阿猛．基于技术集成的企业技术能力成长［J］．研究与发展管理，2004（6）：79－84.

［127］彭张林，张爱萍，王素凤，等．综合评价指标体系的设计原则与构建流程［J］．科研管理，2017（s1）：209－215.

［128］杨琪．企业知识管理能力的构成及其与企业绩效之间关系的研究［D］．浙江大学，2004

［129］许树柏．层次分析法原理［M］．天津大学出版社，1988.

［130］邓雪，李家铭，曾浩健，等．层次分析法权重计算方法分析及其应用研究［J］．数学的实践与认识，2012，42（7）：93－100.

［131］汪应洛．系统工程．第4版［M］．机械工业出版社，2008.

［132］高松，庄晖，王莹．科技型中小企业生命周期各阶段经营特征研究［J］．科研管理，2011，32（12）：119－125.

英文文献

［133］Huong N T，Katsuhiro U，Chi D H. Knowledge Transfer in Offshore Outsourcing: A Case Study of Japanese and Vietnamese Software Companies [J]. Journal of Global Information Management. 2011, 19 (2): 27-44.

[134] Polidoro F Jr, Ahuja G. When the social structure overshadows competitive incentives: The effects of network embeddedness on joint venture dissolution [J]. Academy of Management Journal, 2011, 54 (1): 203-223.

[135] Cannella A A Jr, Mc Fadyen M A. Changing the exchange: The dynamics of knowledge worker ego networks [J]. Journal of Management, 2016, 42 (4): 1005-1029.

[136] Wang C, Rodan S, Fruin M, et al. Knowledge networks, collaboration networks, and exploratory innovation [J]. Academy of Management Journal, 2014, 57 (4): 459-514.

[137] Afuah A. Are network effects really all about size? The role of structure and conduct [J]. Strategic Management Journal, 2013, 34 (3): 257-273.

[138] Lubbers M J, Molina J L, Lerner J, et al. Longitudinal analysis of personal networks: The case of Argentinean migrants in Spain [J]. Social Networks, 2010, 32 (1): 91-104.

[139] Meeakshi M, Gopalakrishnan T R N. Link intelligence establishing neurocognitive knowledge processing capabilities in a knowledge network [J]. Journal of Knowledge Management, 2016, 4 (16): 75-86.

[140] Chung Y, Jackson S E. The internal and external networks of knowledge intensive teams: The role of task routineness [J]. Journal of, Management, 2013, 39 (2): 442-468.

[141] Anderson T R, Daim T U, Lavoie F F. Measuring the efficiency of university technology transfer [J]. Technovation. 2007, 27 (5): 306 –318.

[142] Etzkowitz, Henry, Loet Ley desdotff. The Triple Helix of University Indust-ry Government Relations: A Laboratory for Knowledge-Based Economic Development [J]. EASST Review, 1995, 14 (1): 14 –19.

[143] Santoro M D. Success Breeds Success: the linkage between relationship Indus-try and tangible outcomes in industry-university collaborative venture [J]. The Journal of High Technology Management Research, 2000, 11 (2): 255 –273.

[144] Jeannette A Colyvas. From divergent meanings to common practices: The early institutionalization of technology transfer in the life sciences at Stanford University [J]. Research Policy, 2007 (36): 456 –476.

[145] Liu J. S. , Lu W. M. DEA and ranking with the Network-based Approach: A Case of R&D Performance [J]. Omega International Journal of Management Science, 2010, 06: 453 –464.

[146] Guan J. C. , Chen K. H. Measuring the Innovation Production Process: A Cross-region Empirical Study of China's High-tech Innovations [J]. Technovation, 2010, 05: 348 –358.

[147] Chapple W, Lockett A, Siegel D, et al. Assessing the relative performance of U. K. university technology transfer offices: parametric and non-parametric evidence [J]. Research Policy, 2005 (34): 369 –384.

[148] Anderson T R, Daim T U, Lavoie F F. Measuring the efficiency of university technology transfer [J]. Technovation, 2007, 27 (5): 306 –318.

[149] Holsapple C. W., Singh M.. The Knowledge Chain Mode: Activities for Compe-titiveness [J]. Expert System with Applications, 2001, 10.

[150] Nonaka Nonaka, I., & Takeuchi, H. The Knowledge Creating Company [M]. New York: Oxford University Press, 1995.

[151] Grant R M, Baden-Fuller C. A Knowledge-Based Theory of Inter-Firm Collaboration [J]. Academy of Management Annual Meeting Proceedings, 1995, 1995 (1): 17-21.

[152] OECD (2015). Oslo Manual 3rd edition. http: //www. oecd. org/dataoecd/35/61/2367580. pdf.

[153] Romijn H, Albaladejo M. Determinants of innovation capability in small electronics and software firms in southeast England [J]. Research Policy, 2002, 31 (7): 1053-1067.

[154] Souitaris V. External communication determinants of innovation in the context of a newly industrialised country: a comparison of objective and perceptual results from Greece [J]. Technovation, 2001, 21 (1): 25-34.

[155] Souitaris V. Technological trajectories as moderators of firm-level determinants of innovation [J]. Research Policy, 2002, 31 (6): 877-898.

[156] Caloghirou, Y., Kastelli, I., Tsakanika, A. Internal Capabilities and External Knowledge Sources: Complements or Substitutes for Innovative Performance [J]. Technovation, 2004, 24 (1): 29-39.

[157] Kleinknecht A. Determinants of Innovation [M]. Palgrave Macmillan UK, 1996. Tomlinson M. Patterns in UK company innovation styles: New evidence from the CBI innovation trends survey [J]. Technology Analysis & Strategic Management, 1998, 10 (3): 295-310.

[158] Coombs R, Mcmeekin A, Pybus R. Toward the development of benchmarking tools for R&D project management [J]. R&D Management, 1998, 28 (3): 175 - 186.

[159] Adler, P. S. , A. Shenbar. Adopting Your Technological Base: The Organizational Challenge [J]. Sloan Management Review, 1990, 32 (1): 25 - 37.

[160] Cohen, W. , Levinthal, D. , 1990. Absorptive capacity: a new perspective on learning and innovation. Administrative Science Quarterly, 35, 128 - 152.

[161] Brown J S, Duguid P. Knowledge and Organization: A Social-Practice Perspective [J]. Organization Science, 2001, 12 (2): 198 - 213.

[162] Madhok A. Cost, Value and Foreign Market Entry Mode: The Transaction and the Firm [J]. Strategic Managemcnt, 1997, 18 (1): 39 - 61.

[163] Nonaka I, Peltokorpi V. Objectivity and subjectivity in knowledge management: a review of 20 top articles [J]. Knowledge & Process Management, 2006, 13 (2): 73 - 82.

[164] Dibiaggio L, Nasiriyar M, Nesta L. Substitutability and complementarity of technological knowledge and the inventive performance of semiconductor companies [J]. Research Policy, 2014, 43 (9): 1582 - 1593.

[165] Ferrari F M, Toledo J C D. Analyzing the knowledge management through the product development process [J]. Journal of Knowledge Management, 2004, 8 (1): 117 - 129.

[166] Nonaka I. A dynamic theory of organizational knowledge creation.

[J]. Organization Science, 1994, 5 (1): 14 - 37.

[167] Smith, Preston G, Reinertsen, Donald G. Developing Products in Half the Time [M]. Wiley John + Sons, 2011.

[168] Massa S, Testa S. Innovation and SMEs: Misaligned perspectives and goals among entrepreneurs, academics, and policy makers [J]. Technovation, 2008, 28 (7): 393 - 407.

[169] Zhou K Z, Li C B. How knowledge affects radical innovation: Knowledge base, market knowledge acquisition, and internal knowledge sharing [J]. Strategic Management Journal, 2012, 33 (9): 1090 - 1102.

[170] Alchian A A, Demsetz H. Production, Information Costs, and Economic Organization [J]. American Economic Review, 1972, 3 (2): 21 - 41.

[171] Neal A, Griffin M A. Developing a Model of Individual Performance for Human Resource Management [J]. Asia Pacific Journal of Human Resources, 1999, 37 (2): 44 - 59.